頭がいい人の習慣術

この行動・思考パターンが、あなたを変える!

Koizumi Juzo
小泉十三

KAWADE 夢新書

装幀◉こやまたかこ
本文イラスト◉瀬川尚志

頭がいい人の習慣術◉目次

2

段取り習慣のススメ 効率よく仕事がこなせる

●いつも切羽詰まっているあなたへ――

3

時間習慣のススメ

ムリせず余暇を確保する

●「自分の時間がない」多忙なあなたへ――

4

集中習慣のススメ

仕事にキレが増す

●ムダなく良質の仕事がしたいあなたへ――

5

決断力と発想力がつく問題解決習慣のススメ

●難問やアイデアに頭を悩ますあなたへ——

6

頭をサビさせない創造習慣のススメ

●「自分の限界」がチラつくあなたへ――

7

●教養と知性を身につけたいあなたへ──

もっと頭がよくなる
読書習慣のススメ

8

●あふれる資料を整理できないあなたへ──

有益で使い勝手のいい
情報収集習慣のススメ

9 頭と身体が生き返るOFF習慣のススメ

●ハードな毎日に疲れきっているあなたへ――

プロローグ

毎日のちょっとした心がけがあなたを「頭のいい人」にする

●つまらない会社人間からの脱却――

どんどん二極化する「デキる人間」と「デキない人間」

どんな会社にも「仕事のデキる人」と「デキない人」がいる。

「デキる人」は、与えられた仕事をスイスイとこなすのはもちろん、何か問題が生じたときは、すぐにその解決法を見つけだし、早めに処理をしてしまう。ほとんどの仕事は、人の半分の時間ですませてしまうから、仕事以外の時間が多くなり、オフの過ごし方が充実している。スポーツに汗を流したり、本を読んだり、映画を観たり。だから、仕事以外の話題が豊富で、いろんな分野の人とつきあえる。

いっぽう、「デキない人」は、すべての仕事が押せ押せになる。毎日のように残業がつづき、仕事が終われば、まっすぐ家に帰って寝るだけだ。休日は疲労困憊《ひろうこんぱい》した身体を休めるので精一杯。自分に何かをインプットする時間がないから、アイデアもでなければ、話題も乏《とぼ》しい。

いったい、両者の違いはどこにあるのか？

最初に結論をいってしまえば、それは「頭のよさ」と「習慣」の違いによる。この本のタイトルが「〝頭がいい人〟の習慣術」となっているのは、そのことを端的に示したかったからにほかならない。

ただし、誤解しないでほしいのは、この本は「頭がよくなる方法」といった、安直なハウツー本ではない。そもそもの話、どんなに頭がよくても、それだけでは瞬発的にアイデアがひらめく、という程度の話だろう。

じっさいの仕事で、そうしたアイデアが要求されるのは、私の仕事でいえば、本のタイトルを考えるときくらいのもの。どんな仕事でも、圧倒的に多いのは、もっと目立たない、地道《じみち》な仕事のはずである。

仕事というものは、ルーティンワークはもちろん、まったく新しいプロジェクトを立ち上げるような場合でも、そのプロセスを細かく見ていけば「これまでやってきた仕事の積み重ね」というケースが圧倒的に多い。目標を設定し、そのための計画を練《ね》る。そして、根回しをしたり、他社と交渉するなどして、仕事を完成させる。そこには、それまでまったく経験したことのない仕事というのは、めったに出現しないものだ。

つまり、そうした仕事を効率よく進めるためには、「頭のいい考え方」や「頭のいい仕事の進め方」を完全に自分のものにしておくこと、すなわち「習慣化」してしまうことが必要なのである。

「有能な人間」は全体の二割ほど?!

では、「習慣化」すべき「頭のいい考え方」や「頭のいい仕事の進め方」とは、どんなものなのか?

ビジネス社会で「あの人は頭がいい」というとき、それは学生時代のように「テストの点数がいい」とか「偏差値が高い」という意味ではない。ビジネス社会では、いわゆる「要領がいい」という意味で使われることが多く、英語でいえば「clever」より「smart」のニュアンスに近い。

ただし、「smart」にも二種類ある。ひとつは「book smart」で、これは「テストの点数がよく、勉強ができる人」という意味。もうひとつは「street smart」で、こちらは、学校ではなく仕事を通じて学んだ「頭のよさ」のことをいう。つまり、私たちが通常「頭がいい」というのは、この「street smart」のことを指しているわけだ。

では、「street smart」の中身を、もっと具体的にいうとどうなるか？

たとえば、経済学の世界に「パレードの法則」といわれるものがある。いまから一〇〇年ほど前、イタリアの経済学者パレードが発見したもので、「八〇対二〇の法則」ともよばれている。これは「国民総資産の八〇パーセントが、二〇パーセントの富裕層に集中している」というものだが、その後の研究によって、この法則はさまざまな現象にもあてはまることがわかってきた。

いわく、「会社の利益の八〇パーセントは、二〇パーセントのデキる社員が稼《かせ》ぎだしている」「会社の収益の八〇パーセントは、二〇パーセントのありがたい顧客によってもたらされている」「国民全体の投資収益の八〇パーセントは、二〇パーセントの〝頭のいい〟投資家が稼ぎだしている」などなど。

さらに、この法則は、経済以外の分野にも適用されるようになり、たとえば『「超」整理法』(中公新書)を書いた野口悠紀雄《のぐちゆきお》氏は、「一冊の本のなかでほんとうに重要な部分は二〇パーセントで、ここに八〇パーセントの情報が詰まっている」といっている。

こういうことを「頭のいい人」は、ほとんど感覚的につかんでいる。本を読むときは、目次を見て、パラパラとページを繰《く》りながら、その重要な二〇パーセントの部分を見つけだしてしまうから、バカ正直に最初のページから順に読んでいく人の五分の一の時間で一冊の本のだいたいの内容をつかんでしまう。

あるいは、仕事を進める場合でも、二〇パーセントの重要部分を押さえておけば、八〇パーセントの仕事はこなせると知っているから、適当なところで〝見切り発車〟ができる。「頭のいい人」にとって、最初から一〇〇パーセントを求めることは、回り道でしかない。

それは、とても「要領の悪い」やり方なのだ。

けっきょく、一事が万事、「頭のいい人」は常に要領のいいやり方を発見して、仕事を進めていく。だから、「頭の悪い人」とくらべると、たとえば一年後には途方《とほう》もない差がついてしまうのである。

「どうすればもっとラクできるか？」を考え続けよ

こういうと、「なぜ、〝頭のいい人〟は、要領のいいやり方を感覚的につかんでいるのか？　どうすれば、それがつかめるのか？」と思う人もいるだろう。「感覚的につかめるから、〝頭がいい〟のだ」といってしまってはミもフタもないから、あえてその答えを考えてみると、それはやはり日ごろの習慣による、ということがわかってくる。

どんな習慣なのか、詳《くわ》しい内容については本文を読んでいただくことにして、ここではそれらの習慣を生む大本《おおもと》の考え方を述べておこう。それは、「どうすれば、もっとラクに仕事ができるか？」ということを考えつづける習慣である。

世界の自動車王といわれたアメリカのヘンリー・フォードは、子どものころから、「どうすればラクができるか？」を考えつづけた人間だった。学生時代には、馬車から降りなくても家の門が閉められる装置をつくった。フォード社を設立してからは、工場内に部品供給ラインをつくって、いちいち部品をとりにいかなくてもすむようにした。さらに、工員が組み立てラインにかがみこむために疲労が蓄積し、ミスや事故につながることがわかると、すべてのラインを八センチ高くした。

トヨタの「かんばん方式」にしても、どうすれば効率的にクルマをつくることができるか、べつな言い方をすれば「どうすればラクにクルマがつくれるか？」ということを、徹底して考えた結果、生みだされたものである。

つまり、「どうすればラクができるか？」というテーマは、発明や発見のもとであり、文明を進歩させる大きな推進力になってきたわけだ。

こういうと、自分はどんなに考えたところで、そんな「頭のいい方法」は発見できない、という人もいるだろう。しかし、「頭のいい方法」は、なにも自分のオリジナルである必要はない。だれかが実践している「頭のいい方法」のマネをすればいいのだ。

かつて、その名も『受験は要領』というベストセラーを書いた精神科医の和田秀樹《わだひでき》氏は、灘高《なだこう》から東大理Ⅲに現役で合格した〝秀才〟だが、その本のなかで、彼は灘高について「どうすればラクに東大に合格できるかということを、生徒たちが懸命に考えているような学校だった」といっている。

灘高といえば、当時もいまも東大合格率の一、二を争う超進学校であり、世間には「天才や秀才がゴロゴロいそうな近寄りがたい学校」というイメージがある。もちろん、そういう生徒もいるには違いないが、そのいっぽうで、「要領のよさ」が貴《とうと》ばれる学校でもあったということである。高二くらいまでの成績が低空飛行もいいところだったという和田氏が難関を突破できたのは、そんな要領のいい生徒たちが実践していた「〝頭のいい人〟の勉強術」をマネるようになったからなのだ。

「生産の奴隷」で終わるか、「優雅な仕事人」になるか?

日本人は、ともすると「ラクをしたい」と考えることを罪悪視する傾向がある。しかし、こうした例からもわかるように「どうすればラクになるか?」を考えることは、けっして悪いことではない。たとえ一見〝手抜き〟に見えるようなことでも、そのことを考え、実践することは、フォードがそうだったように、生産性を高め、一人ひとりにより多くの時間を生みだす。つまり、人間を幸せにするのである。

相対性理論を打ち立てたアインシュタインは、その昔、あるラジオ番組のインタビュアーから「世界の人々に送りたいメッセージは?」とたずねられ、ドイツ語で「selbstswerk」と答えたという。

意味は、「それ自体が目的であること」。これだけでは何のことやらわからないが、のちに彼は、その言葉の意味をつぎのように解説している。

「労働の成果それ自体が目的ではない。生産とは、われわれの生活をラクにし、人生をいくぶんか美しくし、人生を洗練するもののはずだ。人間がたんなる生産の奴隷に堕《だ》してはならない」

「頭のいい人」は、けっして〝生産の奴隷〟にはならない。悠々《ゆうゆう》と仕事をこなし、優雅《ゆうが》なオフをすごす。そしてそこで養った英気、知恵、教養が、またつぎの仕事を悠々とこなすためのエネルギーになる。かくして、その人の人生は美しくなり、洗練されてくるのだ。

そのためには、あなたの「習慣」をちょっとだけ変えてみることである。「頭のいい人」になるためには、なるほど才能や努力も必要だが、「頭のいい人」の習慣をマネるという、文字どおり「頭のいい方法」もある。

この本で紹介する、さまざまな「頭のいい人」の習慣術が身についたとき、あなたは、それが会社人としての知恵と強さを養うためだけのものではなく、人間個人としての知恵と強さを養うための方法でもあることを実感されるはずだ。

1

仕事がラクになる思考習慣のススメ

●自分で毎日を重くしているあなたへ――

仕事とプライベートは区別すべきか?

どんな仕事でも、考え方ひとつで、ラクにもなれば苦しくもなる。たとえば仕事の締《し》め切《き》りが三日後に迫っているとき、あなたは「あと三日しかない」と考えるタイプだろうか、それとも「まだ三日もある」と考えるタイプだろうか。どちらがいいかはケースバイケースだが、どう考えるかで、三日間の過ごし方は大きく違ってくる。

「頭のいい人」は、そのあたりの気のもちようがとてもうまい。自分を追い詰めて苦しむような道は、まず選ばないのだ。

最初に紹介するその極意は、「何事もデジタルに対処しようとしない」ということである。

いまや、なんでもデジタルというご時世。アナログなものは、機械も人間も遅れているということにされがちだが、ロボットではない人間は、もともとアナログな生き物である。とくに日本人は〝清濁併《せいだくあわ》せ呑《の》む〟なんていう言葉もあるくらい、アナログでファジーな生き方や考え方が得意なはずなのだ。

たとえまわりの機械はみなデジタルでも、人間の考え方までデジタルになってしまうと、これはとても窮屈《きゅうくつ》なことになる。ここで紹介する「オンとオフの境界線を曖昧《あいまい》にしておく」という考え方も、そんなアナログ的発想のひとつだ。

もちろん、いまどきは、オンとオフ、仕事とプライベートを分けたがる人がひじょうに多いことを私は知っている。若い人ほどそうで、仕事が終われば先輩から酒を誘われても、さっさと帰宅してしまう人がすくなくない。だが、それはけっして悪いことではない。仕事が終わった以上、あとは自分の時間として大切に使えばいい。

しかし、この考え方を徹底しすぎると、まずいことが起こってくる。オンの時間が長くなって、なかなかオフの時間がとれなくなると、しだいにイライラがたまってくる。あるいは、酒の席で、話が自然に仕事の話になると、とたんにイヤな気分になってしまう——そんなビジネスマンがすくなくないのだ。

これは、はっきりいってソンである。オンとオフをきっちり分けるという考え方の根底には、基本的に仕事とは苦しいもの、イヤなものだとする考えがあるのだろう。しかし、これでは、どんな仕事もラクに進めることはできない。〝好きこそ物の上手なれ〟というように、その仕事が好きなら、仕事の進め方もうまくなる。結果として、オフの時間もつくれるようになるものなのだ。

というわけで、まずは、その仕事を好きになることが大前提なのだが、そのうえで、オンとオフの境界線をあえて曖昧にしてしまうことをおすすめする。

仕事のアイデアというのは、酒場のカウンターでふと浮かぶこともあれば、休日に公園を散歩していて浮かぶこともある。その確率は、退屈な会議などよりよほど高いはずだ。

また、オンとオフの切り替えには、何かと手続きが必要だが、それがかえってわずらわしい場合もある。それなら、境界を曖昧にしておいて、いつ仕事のことが思い浮かんできても、それを受け入れ、楽しんでしまったほうがいい。これは〝ゆとりある公私混同〟といえばいいだろうか。

仕事をとるか家庭をとるか、仕事をとるか趣味をとるか――そんな二者択一はまことに意味のないデジタル思考だ。じっさいの生活はオンとオフが渾然一体《こんぜんいったい》となっており、その混沌《こんとん》を楽しんでしまったほうがラクなのである。

ソニーの技術者が一流になっていく秘密

〝金儲《もう》けの神様〟といわれる作家で経済評論家の邱永漢《きゅうえいかん》氏が、あるエッセイでこんなことをいっていた。

「上司からいわれたことを要領よくやっていれば、サラリーマンとしては出世できるかもしれないが、仕事をする人間としては役立たなくなる。仕事のできる人は、自分で仕事を見つけだしてきて、自分でそれを片づける人のことだ」

いかにも〝モーレツ社員のすすめ〟を説《と》いているように思う人もいるかもしれない。しかし、そこには邱氏一流のリアリズムがある。すなわち、若いうちから、仕事は自分で見つけるという習慣を身につけておけば、いくつになっても仕事で困ることはなくなる、というわけである。

もちろん、上司から与えられた仕事をこなすのにも、「頭のいいやり方」とそうでないやり方がある。しかし、多くの場合、そうした仕事では上司や先輩からアドバイスが得られる。つまり、一度、要領を会得《えとく》してしまうと、その仕事は、つぎからはルーティンワークになりかねないのだ。

ところが、自分で見つけてきた仕事は、自分なりに工夫しないと、なかなか要領がつかめない。

たとえば、ソニーでは、技術者が新製品の開発を提案すると、「では、タバコのパッケージ大の大きさでつくれ」といった至上命令がだされるという。提案した技術者は、無理難題に頭を抱えることになるが、言い出しっぺだから、もうひっこみがつかない。けっきょく、その無理難題を必死で考えるしかなくなるのである。

かくしてソニーの技術者は鍛えられ、一流になる。ITや電機関係の会社にはソニー出身の経営者が多いが、これは、彼らが、ソニーという会社で、「仕事は自分で見つける」というトレーニングを受けたからだ。だから、彼らの多くは、いまでもソニー出身であることにプライドをもち、ソニーという会社に感謝しているという。

このように、自分で仕事を見つけることのメリットは計り知れない。ただし、さすが邱氏というべきか、こんなリアルなアドバイスもつけくわえている。

「仕事をやりすぎるととかく人から疎《うと》まれるもの。上司や同僚から目立たないようにやりなさい」

アメリカを動かすエリートの「三つのYES」とは

さて、ここからは仕事をラクに進めるための具体的な習慣について紹介していこう。

まずは、あなたが社会人になったばかりのころを思い出してほしい。そのころのあなたには「大志《たいし》」とはいわないまでも、「どういう仕事をやりたいか」という「目標」があったはずである。

では、いま、その「目標」はどれくらいまで達成しているだろうか？

目先の仕事をこなすのに追われて、そんな「目標」はとうの昔に忘れてしまったという人も多そうだが、そんな人は、つぎの数字をしかと胸に刻《きざ》みつけていただきたい。

一九五三年、アメリカ東部の名門・エール大学の卒業生に、

「あなたは目標を設定していますか？」

「その目標を書き留《と》めていますか？」

「目標達成の計画はありますか？」

と質問をしたところ、すべての質問にイエスと答えた卒業生は、わずか三パーセントだった。ところが、それから二〇年後、卒業生を追跡調査したところ、驚くべきことがわかった。この年に卒業した学生の二〇年後の総資産のうち、なんと九七パーセントは、この三パーセントの卒業生たちが握っていたのだ。

「願望は、強く願えば願うほど実現する」などというと、いかにもカルト的なビジネス書

にありそうな文句だと思われるかもしれない。じっさい、私もこの数字を見るまでは、この手のビジネス書は眉唾《まゆつば》のように思っていたのだが、現在は、すくなくとも「願望は、強く願わないことには実現する可能性が低い」と思うようになった。

考えてみれば、受験生のころ、あなたは目標を設定し、それを書き留め（胸に刻みこみ）、そして目標達成のための計画をつくったはずだ。問題は、その計画を実行できるかどうかだが、すくなくとも、最初の三つを設定しなかった受験生は、間違いなく受験に失敗したはずである。

受験では、動機づけは強いに越したことはない。日々、目標を確認することで、自分のなかに「絶対に、〇〇大学に合格したい」という気持ちを高めていく。そして、最後はそういう気持ちが強い人が勝つのが、受験というものだろう。

目標を設定し、それを実現させるという意味では、仕事もまったく同じだ。ただし、仕事の場合は、「絶対に〇〇大学に合格する！」といった目標――たとえば「絶対に社長になる！」「絶対に売り上げを伸ばす！」のような目標はあまりにも抽象的すぎる。

「一年後の課長試験に合格する」「今期の売り上げを一〇パーセントアップさせる」のように、できるだけ具体的な目標を設定するのがコツである。

どんな些細なことにも「優先順位」をつけよ

自動券売機で電車のキップを買ったとき、あなたは、キップとお釣《つ》り、どちらを先にとりますか？

まずは、お釣りを先にとるという人（釣り先派）だが、これは、お釣りを忘れないためだろう。だれでも一度くらいは、自動券売機の釣り銭口に前の人が忘れた釣り銭が残っているのを発見して、ちょっと得した気分になったことがあるのではないか。そこで、自分だけは、そういうウッカリをしないよう、いつのまにか釣り銭を先にとる習慣が身についてしまった――そんなところかもしれない。

いっぽう、キップを先にとるという人（モノ先派）は、つぎのような論理を展開するはずだ。ほとんどの場合、自動券売機で買ったモノは、お釣りより値段が高い。であれば、まずは値段の高いモノのほうを先に確保しておくべきだ。釣り銭を先にとると、その間にモノが盗まれたり、あるいは、つぎの瞬間に大地震が起きたりすると、モノをとり損なうこともありうるからだ、と。

まあ、きわめてささいなことではあるのだが、説得力があるのは〝モノ先派〟ではないか。〝一寸先は闇〟であることを考えれば、たしかに値段の高いモノのほうを先に確保しておくのが賢明《けんめい》というものだろう。

さて、私がこんな話をもちだしたのは、どんなにささいなことにも優先順位があるという話をしたかったからだ。

じっさい、「頭のいい人」というのは、仕事の段取りはもちろん、日常のちょっとしたことにも優先順位をつけているものだ。たとえば、朝起きたら、最初にパソコンのスイッチを入れてから、パジャマを着替える。もちろんこれは、パソコンが立ち上がるまでの時間を有効利用するためである。

このように、一事が万事、優先順位をつけてから行動するクセをつけておけば、やがてはそれが習慣になり、長い目で見れば、かなりの時間が生まれるのである。

ただし、優先順位はかならずしも「効率」だけを考えてつける必要はない。他人には遠回りに見えても、それが自分にとって快適なリズムになっていればそれでいい。たとえばゴルフの練習では、身体を慣らすために短いクラブから始めて徐々に大きなクラブへと移っていくのがふつうだが、なかには、本番と同じように、最初にドライバーを練習するという人もいる（もちろん、じゅうぶんにストレッチ体操をしてからである）。

練習の方法には「絶対」がない。大切なのは、自分なりに効率や快適性を考えて優先順位をつけるということで、これは仕事でもまったく同じなのだ。

仕事のデキる人はマニュアルをこう扱う

「マニュアル世代」という言葉がある。マニュアルがないと何もできない世代、あるいはマニュアルに書いてあるとおりのことしかできない＝機転《きてん》が利《き》かない世代という意味で、もちろん悪口である。

さらにこの言葉には「マニュアル」それ自体への悪意もこめられている。

そういう人は「世の中、マニュアルどおりにはいかない」などと、わかったようなことをおっしゃる。

しかし、ほんとうにそうなのか？

なるほど、世の中で一〇〇のことが起きるとした場合、一〇や二〇、あるいは半分の五〇くらいは「マニュアルどおりにはいかない」かもしれない。しかし、かりにそうだとしても、一〇〇の出来事のうち、五〇、あるいは八〇～九〇は「マニュアルどおりにいく」のだ（おそらく、マクドナルドのマニュアルなら、一〇〇のうち九八くらいは「マニュアルどおりにいく」?）。これはかなり凄《すご》いことである。

自動車評論家の徳大寺有恒《とくだいじありつね》氏は、クルマの運転について「トリセツを熟読せよ」とよくいう。「トリセツ」とは「取扱説明書」のこと。クルマの免許をとって、クルマが運転できるようになると、新車に乗り換えても、トリセツをロクに読まない人が多いが、これではダメだと徳大寺氏はいう。新車にはたいてい新しい機能が装備されている。そのクルマの性能をじゅうぶんにひきだすため、あるいは安全運転のためにも、トリセツは熟読する必要があるというわけだ。

まことにもっともな話で、私は、徳大寺氏の本を読んで、二年前に買ったクルマのトリセツを初めてちゃんと読んだ。そして、それまで一度も使ったことのない〝謎のスイッチ〟の意味を初めて知り、なぜ最初にマニュアルを読み、そのスイッチを使わなかったのかと、いたく後悔した。

マニュアルの重要性については、野口悠紀雄氏も『「超」勉強法――実践編』（講談社）のなかで、つぎのように指摘している。

「アクセルの踏み方を知らずに車を運転できる人はいない。ところが、不思議なことに勉強になると方法論を軽視したり否定する人がいる。(中略)しかし、この考えは誤りである。勉強の方法論を軽視する人は、往々にして、独りよがりに陥る」

この文章のなかの「勉強」という言葉は、「仕事」にそっくりそのまま置き換えることができる。「仕事の進め方」や「情報収集のうまい方法」、さらには「夜、ぐっすり眠る方法」まで、世の中には、ありとあらゆるマニュアルがある。活字になったもの以外にも、先輩や上司から口伝《くでん》されたマニュアルもある。

そこには、同じ問題で苦労を重ねてきた先人たちの知恵がぎっしり詰まっている。じっさい私も、この本を書くために、さまざまな人に取材し、一〇〇冊以上の本を読んだ(そのなかには、いわゆる〝マニュアル本〟も多数あった)。

マニュアルは利用して
自分のものにしてしまう

マニュアルをバカにしてはならない。とくに新しい分野の仕事を始めるとき、マニュアルは重要な指針になる。大切なのは、自分にぴったりのマニュアルを選び（本の選び方については7章でくわしくふれる）、それを自分のものにすること。そして、「マニュアル世代」といわれないよう、マニュアルを鵜呑《うの》みにせず、マニュアルにないことは自分なりに工夫することである。

なぜ、仕事で100点を目指そうとするのか

「よし、これで完璧！」

私たちは、ひと仕事終えると、ついこんな言葉を口にすることが多い。本人としては、満足のいく仕事ができたからこういうのだろうが、これは言葉のアヤというもので、仕事に「完璧」や「一〇〇点満点」ということはまずありえない。そのことは本人も重々承知のはずだ。

では、じっさいは「九〇点」くらいかといえば、それもまだ甘い。せいぜい「八五点」というところだと私は思う。

では、かりに「八五点」だとした場合、もうひとがんばりして「九〇点」や「九五点」を目指すべきか？

最初に答えをいってしまうと、その必要はさらさらない。「八五点」とれたことにじゅうぶん満足して、さっさとつぎの仕事に移るのが「頭のいい人」のやり方である。

その理由は、学生時代のことを思い出してもらえば、ただちに了解されるはずだ。高校三年の初めに模擬試験で六〇点だった人が本番で八〇点とるということはザラにある話だが、さらに一年間浪人して八〇点を一〇〇点にするなどということは、まずありえない。一年間必死に勉強しても、上乗せできるのは、せいぜい一〇点というところ。同じプラス二〇点でも、六〇点を八〇点にするための努力と、八〇点を一〇〇点にするための努力をくらべれば、後者のほうが数倍、努力が必要なのである。だから、浪人して急に実力が伸びるのは、高校時代に遊びすぎて、六〇点しかとれなかったような受験生と相場が決まっている。

これは、そっくりそのまま仕事にもあてはまる。八〇点とれたと思ったら、自分で「合格」と判断してしまう。それ以上、上の点数を求めるのは、締め切りまでよほど時間があるという場合だけだろう。しかし、そんなとき、「頭のいい人」は、べつの仕事を先取りして始めるか、英気を養うべく遊びにいってしまうもの。八〇点以上の点数を求めるのは、はっきりいって時間のムダなのだ。

考えてみれば、八〇点というのは、大学の成績でいえば「優《ゆう》」に匹敵する立派な数字だ。常に六〇点ギリギリの成績で、ようやく大学を卒業したような私からすれば、八〇点を一〇〇点にしようなどというのは〝神をも恐れぬ所業《しょぎょう》〟といっても過言ではない。

そういえば、今年、友人がくれた年賀状に「仕事は九〇点以上、ゴルフは90以下を目指す！」というのがあった。深くうなずかれる人も多いはずである。

時間がきたら〝見切り発車〟する勇気をもて

〝八〇点主義〟という習慣は、見方を変えれば、「見切り発車」をする勇気が必要だということでもある。

「見切り発車」とは、発車時刻をすぎたり、満員になったバスや電車が、まだ乗客が残っているのに、それを「見切って」発車してしまうこと。まだ一〇〇点とはいかないが、八〇点まで仕上げたところで締め切りがきたら、それでよしとするのも、一種の「見切り発車」だ。

もっと端的な例は、仕事を始めるとき、まだ準備は整っていなくても、タイムリミットがきたために、やむをえず仕事をスタートさせてしまう場合だ。

仕事には常にタイムリミットというものがあるから、こうした「見切り発車」はしばしば起こる。しかし、世の中には「やむをえず」ということを潔《いさぎよ》しとしない人もいる。こういう人は、準備万端《ばんたん》整わないと、仕事が始められない。あらゆる資料を読み、机の上もきれいに整理し、ついでに斎戒沐浴《さいかいもくよく》してからじゃないと原稿が書けない……ライターのなかには、そんなことをいう人もいる。

まあ、これは原稿が遅れることの言い訳で、ほんとうは本人のやる気がないだけという場合がほとんどなのだが、それはともかく、私がここでいいたいのは、時間がきたら、とにもかくにも仕事をスタートさせる習慣を身につけるということだ。

じっさいに仕事を始めてみると、思わぬアイデアがわいてくることもあるし、反対に、予想もしなかった障害にぶつかることもある。

しかし、それらは、いずれもじっさいに仕事を始めたからこそわかったことなのだ。始める前から「あーでもない、こーでもない」と考え込んでいては、何も前には進まないし、見えるものも見えてこない。

〝石橋を叩いて渡る〟という諺《ことわざ》があるが、こういう人は、たいてい「石橋を叩いて壊《こわ》し」てしまう。これでは、どうやっても川は渡れないのである。

仕事の質を高めたいなら仕事を放り出せ

純文学系のある小説家から、小説の執筆について、こんな裏話を聞いたことがある。彼は、ひとつのアイデアが小説になるまでに、二度〝寝かせる〟というのだ。

最初の〝寝かし〟は、アイデアがひらめいたときだ。そのときは、「自分は天才じゃないか」と思いたくなるほど素晴らしいアイデアに思えるそうだが、その小説家は、すぐにも書きだしたい衝動を抑《おさ》えて、そのアイデアを〝寝かせて〟しまう。なぜなら、早いものだと翌日、ふつうは一週間もすると、そのアイデアが陳腐《ちんぷ》なものに思えてくることが圧倒的に多いからだ。

二度目の〝寝かし〟は、小説がほぼ完成しかかった時期だ。ここでも、彼は一気呵成《いっきかせい》に書き上げたい気持ちをぐっとこらえ、一か月くらい、原稿をほったらかしにしておく。そして、海外旅行にでかけたり、友人と飲み歩くなどして、しばらくその小説のことを頭から追い払ってしまうというのだ。

これにはふたつのメリットがあると、その小説家はいう。

ひとつは、時間をおくことで、自分の作品が客観的に見られるようになるということだ。小説の執筆というのはきわめて孤独な作業である。そのため、執筆をつづけるうちに、知らぬまに袋小路《ふくろこうじ》に迷い込んだり、あるいは「面白いのか、面白くないのか」ということさえ、さっぱりわからなくなることがある。しかし、一度、自分の小説を頭から追い払い、執筆再開時にあらためて読み直してみると、それらのことがよく見えてくるというのだ。結果として、それまで書いた原稿がほとんど書き直しということもあるというから、おのれに厳しい小説家ではあるが……。

もうひとつのメリットは、書きかけの小説を頭から追い払ったつもりで遊んでいても、旅先で風景を眺《なが》めているときなど、「闇夜《やみよ》に月がぬっとでてくるように」素晴らしいアイデアが浮かんでくることがある、ということである。彼いわく、

「小説のことは忘れているつもりでも、やっぱり潜在意識のなかではその小説のことをずっと考えつづけてるんだな」

もちろん、このアイデアも一度は〝寝かされる〟のだが、この段階ででてくるアイデアはまずハズレがないと、彼はいう。かくしてそのアイデアは小説の最終段階で生かされ、より完成度の高い作品として世にでるというわけである。

さて、完成しかけた仕事を〝寝かせる〟という習慣は、小説というきわめて創造的な仕事だけでなく、ビジネスマンの仕事にも有効な場合が多いのではないか。もちろん、締め切りがある以上、いつまでも仕事を〝寝かせて〟おくわけにはいかないが、八割がた完成して、締め切りまでまだ一週間以上あるようなら、その仕事を三〜四日寝かせておくだけでも意味があるはずだ。

たとえば私の場合、出版社に企画のプレゼンテーションを行なうときは、何本かの企画を〝寝かせて〟おき、そのなかから、これはというものをもってでかける。〝寝かせて〟おいたぶんだけ、その企画は自分のなかで〝発酵《はっこう》〟しているせいか、プレゼンもなめらかで、ゴーサインがでることが多い。

ただ、私にも、ときに「自分は天才じゃないか」と思えるような企画が思い浮かぶことがある。そんなときは、件《くだん》の小説家と違って、矢も楯《たて》もたまらず出版社に電話をしてしまうのだが、この手の企画が通るのは、一〇本に一本くらいの確率なのだった。

仕事のスランプを脱出する意外な方法がある

何となく仕事がノらない、やる気がでない、何をすればいいのかわからない……どんなビジネスマンでも、そんな気分になってしまうことがあるものだ。心のどこかに何かがひっかかっているような気がして、前に進めないのである。

こんなときは、いくら「がんばろう」と自分に言い聞かせても、なかなか気持ちはノってこない。「心のどこかにひっかかっているもの」の正体を明らかにし、それをうまく整理しないかぎり、簡単には前には進めないのである。

精神科のカウンセラーは、クライアント（患者）から相談を受けるとき、終始、聞き役にまわる。たとえば「出社する気になれない」というクライアントなら、ふだんの仕事の内容から始まって、上司や部下との人間関係、家族との過ごし方、さらには幼年時代にさかのぼった話まで、クライアントの連想ゲームにつきあうように、彼の話をじっと聞きつづける。

そのうちに、「出社する気になれない」原因が、本人には思ってもみないことだということとが明らかになってくる。クライアント自身は、たんに仕事がハードすぎることが原因だと思っていても、じつは娘の受験のことが気になっていて、それが仕事にノれない原因だったり、あるいはプライベートな飲み会で、友人だと思っていた相手から暴言を吐かれたことがその原因だったりするのだ。

しかし、何であれ、原因が明らかになれば、対処のしようはある。つまり、カウンセラーにとっては、クライアントの「出社する気になれない」ほんとうの理由がわかった時点で、その仕事の大半は終わりというわけだ。

何となく仕事がノらない、やる気がでない、何をすればいいのかわからない……そんなスランプのときは、このカウンセラーと同じことを自分でじっさいにやってみることをおすすめする。つまり、「心のどこかにひっかかっている」可能性のあるものを、すべて書きだしてみるのだ。

たとえば仕事がらみなら、目標、納期、やり残したこと、上司や部下との人間関係など。プライベートなことなら、家族、恋人、友人、趣味などについて、すこしでも気がかりになっていることを、紙に書きだしてみる。

すると、案外、「友人からもらった手紙の返事をまだだしていない」ことが、気がかりの原因だった、なんてことがわかる。あとは、すぐに友人に返事を書けば、心の重石《おもし》がとれたように気分はすっきりし、仕事もはかどる。ノドに刺さった小骨は、さっさと抜いてしまうにかぎるのである。

「仕事を先延ばしにする人」へのアドバイス

『こころのウイルス』（英治出版）という本を翻訳した上浦倫人《かみうらりんと》氏によると、人間は基本的に、ふたつの力によって動かされているという。ひとつは「快適さの追求」、もうひとつは「苦痛の回避」である。

こういうと「『苦痛を回避』するということは、それによって快適になるのだから、けっきょく、『快適さの追求』と同じだろう」という人がいるかもしれない。しかし、そうではない。そこには、最初に苦痛ありきか、あるいは快適さありきか、という大変な違いがあるのである。

たとえば、仕事を先延ばしにする人は、「苦痛回避型」の人である。こういう人は、そもそも仕事を「苦痛」と感じているのだが、締め切りが近づくと、その仕事が達成できなかったときの恥ずかしさや上司の叱責《しっせき》など、べつの「苦痛」がリアルに迫ってくる。そこで、ようやくこれらの「苦痛」を回避しようとして、仕事を始める。締め切り間際になって猛然と働く人は、たいていこのタイプである。

いっぽう、「快適追求型」の人は、仕事をさっさと、しかも楽しそうに片づけてしまう。なぜなら、彼のなかには明確な目的意識があり、これからやろうとしている仕事は、その目的を達成するための手段として位置づけられているからだ。つまり、その仕事を片づければ、その分だけ自分の設定した目的に近づいたことになるわけで、なるほどそれは「快適」な作業に違いない。

私の場合なら、こうなる。原稿を書くのはつらい作業だが、この本をベストセラーにするという明確な目的があれば、原稿書きは、その目的を達成するための楽しい作業に大変身する。一枚書くたびに、一歩ずつ億万長者に近づいている――そうイメージできれば、なるほど、原稿書きほど楽しい仕事はないではないか。まさに「快適さの追求」である。

――というのは、半《なか》ば冗談だが、じっさいの話、「頭のいい人」は、仕事に「快適」なイメージを刷《す》り込ませるのがうまいものだ。「苦痛回避型」の人は、まずは「この仕事が終わったら、うまいビールが飲める」といったところから始めてみてはどうだろう。どうせ同じ仕事をするのなら、苦痛を感じながらやるより、快適さを感じながらやるほうがいいに決まっているのだから。

どうしても「やる気が起きない時」に効く方法

それでもまだ仕事をやる気にならない人は、どうやら私が首に縄をつけてでも机に向かわせ、ムチを打ちながら、「ほら、始めろ。やれ、始めろ」と責めたてるしか方法がなさそうである。

私がサディストだからではない。人間はだれでも、仕事を始めないかぎり、仕事にたいするやる気が起きないからだ。屁理屈《へりくつ》のように聞こえるかもしれないが、このことは脳生理学によってちゃんと証明されているのである。

『海馬《かいば》――脳は疲れない』（朝日出版社）で糸井重里《いといしげさと》氏と対談した東大薬学部助手の池谷裕《いけがやゆう》二《じ》氏によると、「やる気」を生みだすのは、脳のほぼ真ん中に左右二つずつある側坐核《そくざかく》という器官だという。

ただし、側坐核の神経細胞にはやっかいなところがあって、それはなかなか「やる気」

を起こしてくれないこと。「やる気」のもとが、なかなか「やる気」を起こさないとはじつに面白い話だが、それはともかく、この側坐核に「やる気」を起こさせるには、ある程度の刺激を与えるしかない。それには、とにもかくにも「やり始める」のがいちばんだというのだ。

これは「作業興奮」といわれる現象で、人間は何かを始めると、側坐核が海馬と前頭葉《ぜんとうよう》に信号を送り、アセチルコリンという神経伝達物質が分泌される。このアセチルコリンこそ、人間に「やる気」を起こさせるもとというわけである。

さらに、池谷氏は、「やる気」を持続させるためには、目標を小さく設定する習慣をつけるといいともいう。

人間は、達成感を感じると、A10神経という快楽にかかわる神経が刺激されて、ドーパミンという神経伝達物質が分泌される。これが「やる気」を持続させる。つまり、たとえば四時間で終わる仕事でも、一時間刻みで目標にしておけば、一時間ごとにドーパミンが分泌されるため、それだけ「やる気」が持続できるというわけである。

というわけで、どうしても「やる気」の起きない人は、一時間、いや三〇分でもいいから、小さな目標を設定して、仕事を始めてみてほしい。すると、ほら、最初にアセチルコリンがでてきて、どこからともなく「やる気」がわいてくることがわかるはず。そして、三〇分後。小さな目標を達成したあなたは、ドーパミンのおかげでまだ「やる気」が持続していることを実感。「やる気」満々で、つぎの仕事にとりかかれるはずである。

さて、あなたはどっち？

✣イマイチの人は仕事とプライベートをきっちり分けたがるが、頭のいい人は、その境が曖昧《あいまい》で〝公私混同〟を楽しむ。

✣イマイチの人は上司にいわれた仕事をきっちりこなして満足するが、頭のいい人は、自分の力で仕事を見つけ、苦労しながらも完成させて高い評価を得る。

✣イマイチの人はこれ見よがしにガシガシ仕事をするので人から疎《うと》まれるが、頭のいい人は、飄々《ひょうひょう》といい仕事をするから、他人から一目置かれる。

✣イマイチの人は目標が曖昧だが、頭のいい人は、自分の目標を強くもち、目標を何かに書き記し、その達成のために具体的で綿密な計画を練る。

✣イマイチの人は行き当たりばったりで行動するが、頭のいい人は、小さなことでも優先順位をつけて、段取りよく行動する。

❖イマイチの人はマニュアルをバカにする、あるいは崇拝《すうはい》するが、頭のいい人は、マニュアルを重視はしても、鵜呑《うの》みにはせず、足りない部分は自分で補う。

❖イマイチの人は常に仕事で100点を目指すが、頭のいい人は、80点を目指し、それができたらさっさとつぎの行動に移る。

❖イマイチの人は準備万端整わないと行動を開始しないが、頭のいい人は、ある程度のところで、見切り発車でも、とにかくスタートする勇気がある。

❖イマイチの人は仕事を一気に仕上げたがるが、頭のいい人は、仕事が完成間近のところで、しばらく寝かせておく。

❖イマイチの人は仕事をする気が起きないときでもムリにやるが、頭のいい人は、そんなときは「気になること」を片っ端からノートに書きだす。

❖イマイチの人は嫌《いや》な仕事を後回しにするため、いつも嫌な思いに支配されるが、頭のいい人は、仕事に楽しみをもたせ、さっさと済ませるからいつも充実している。

❖イマイチの人はやる気が起きるのを待って行動するが、頭のいい人は、どんなにやる気が起きなくても、とりあえず始めてみる。

2

●いつも切羽詰まっているあなたへ――

効率よく仕事がこなせる
段取り習慣のススメ

頭がいい人の「スケジュール帳」の秘密

「つぎのページに地獄が待っているのに、それが見えない」

野口悠紀雄氏の『超時間術』（中公新書）に、こんな言葉が紹介されている。ここでいう「つぎのページ」とは、手帳のページのことである。

手帳は、見開き二ページで一週間という単位でつくられているものが多い。だから、「今週の金曜日、一杯やりませんか」と誘われたとき、たまたまそのページの金曜日がブランクになっていたりすると、うっかり快諾《かいだく》してしまう。

ところが、「つぎのページ」を開いてみると、次週の火曜日に仕事の締め切りがひかえていることに気づく。かくして、金曜日に飲んでいる場合ではないと、あわててキャンセルの電話を入れることになる……。

野口氏は、こんなことにならないよう、小学校の夏休みのようなスケジュール表をつくることを提唱している。つまり、二か月単位のスケジュールが、ひと目で見渡せるスケジュール表である。利口な小学生は、机の前に貼った「夏休みの計画表」を眺《なが》めながら、宿題のドリル、自由研究の仕上げと遊びとの兼ね合いを「四〇日単位」で把握《はあく》していたものだが、これは、大人こそ有効に活用すべき習慣術だろう。

ビジネスマンのなかには、同時に三つ以上の企画を動かしている人が多い。たとえば、ひとつの企画の締め切りが三週間後だとする。それだけだと余裕があるように思えていても、ほかのふたつの企画の進行との兼ね合いを考えると、いきなり余裕どころではなくなってくる。

「二か月単位のスケジュール表」の効果は、そのすべての兼ね合いをひと目で見渡せるところにある。それは、三本ないしは四本の企画を同時進行させるうえで、時間と精力の配分をうまくアンバイしていくことにつながっていくのだ。頭のいいビジネスマンは、そのアンバイを、じつに巧《たく》みにやってのける。デキるヤツほど余裕ありげに見えたりするのは、そこに秘密があると思っていい。

また、二か月単位で計画を立てていくと、いかにも仕事オンリーに埋めつくされるような気がするかもしれないが、現実は、その逆になる。二か月単位でスケジュールを立てると、かえって計画的にオフがつくりやすい。酒やデートの約束をあわててドタキャンするということもなくなるはずなのだ。

期限内で良い仕事をする「スケジュール術」とは

たとえスケジュール表が完璧に仕上がっても、それを実行に移すことができなければ何の意味もない。人は、今日やると決めたことは実行できても、三日後にやると決めたことは、なかなか実現できないものだ。「二か月単位のスケジュール」に落とし穴があるとすれば、それだろう。

二日後、三日後のスケジュールが未消化のまま進んでいくと、「二か月単位のスケジュール」は、すべて狂ってしまう。これは、とても危険だ。すべてが押せ押せになって、かえって何ひとつ仕上がらない結果になりかねない。もし、計画を計画どおりに実行する自信がないならば、「今日やれることを、やれるかぎりやる」とか、「やれるときにやれるかぎりのことをやってしまう」とかの原始的な方式で臨《のぞ》んだほうが、はるかに危険はすくないはずである。

しかし、そんな無計画性は、同時に多くの仕事をこなすことを要求されるビジネスマンにとって、きわめて不都合であり、非効率的であることには変わりがない。となると、長期計画を立てつつ、同時に計画の狂いに対処できるような習慣術が欲しいところだが、はたして、そんな都合のいい術があるのだろうか？

たとえば、ジャーナリストの東谷暁《ひがしたにさとし》氏は、「一〇日の予定を五日しかないと仮定して作業を割り振る」ことを提案している。この発想は、「今日やれることを、やれるかぎりやる」という原始性と先をにらんだ計画性をうまく妥協させたものといっていい。

この提案にたいしては、一〇日でやるところを五日でやれる根性があるなら、だれも苦労しないという反論が聞こえてきそうだが、誤解しないでほしい。東谷氏の提案は、あくまでも〝人間の弱さ〟を前提にした提案なのだ。

たとえば、大のタイガース・ファンが、一〇日後に締め切りのある仕事を抱えていたとする。しかし、その間に、優勝のかかったタイガースのゲームが三連戦あったとしよ

無計画では、不測の事態に対応できない

う。最近は、衛星放送やケーブルテレビで、試合の開始から終了までゲームのすべてを観ることができる。じつは、私も生来《せいらい》のタイガース・ファンなのだが、そんな場合は、とても試合観戦を放棄することはできない。初回から巨人の大量リードということにでもなれば、すぐにでも仕事に戻れるのだが（それでも、ときどきテレビのスイッチを入れて、試合経過を確認してしまう……）、白熱の攻防戦になってしまうと、そうはいかなくなる。

これは、いうなれば〝不測《ふそく》の事態〟である。野球にかぎらず、こうした不測の事態は常に起こりうる。いや、起きないことなどまずないといってもいい。

つまり〝机上《きじょう》の計画表〟では、仕事に使える日が一〇日あるとしても、じっさいは五日くらいしかない――仕事を締め切りまでに間に合わせるためには、そんな〝悲観的な見方〟も必要というわけだ。

不測の事態に備え、こんな「隠し時間」をもつ

不測の事態は、もちろん〝阪神タイガースの健闘〟にかぎらない。近親者の突然の訃報《ふほう》、地震、台風による被害、部下の起こしたトラブル、上司からの緊急命令、自分の事故・病

気など、日々の生活では予定外の出来事が起きないことのほうが珍しい。

しかし、だからといって、何事も計画どおりにはいかないとあきらめてしまっては、これまで話したことがすべてムダになってしまう。やはり、長期計画は、すこしでも多くの仕事をこなすためには欠かせないものだ。そこで、予定外の事態にそなえて、「早めのスケジュール」の上に、もう一つダメ押しを加えておくことをおすすめする。

それは、一週間のうち半日分を「何もしない予備の時間」として確保しておくということである。丸一日予備の時間をとるのは不可能でも、半日ならなんとかなるのではないか。半日も無理というのなら、一週間のうち三時間でもいい。うまく計画どおりに進めば、その時間は映画でも観られる――そんな時間を確保してしまうのだ。

二か月単位のスケジュールのなかに、その時間を設定してみると、スケジュールのなかで、「予備の時間」は四日分あることになる（三時間なら二日分）。これは、ちょっとした時間だ。想定しうるかぎりの不測の事態が波状攻撃してこないかぎり、たいがいのことには対処できそうな時間といっていい。

当然、計画表に設定したその日に、不測の事態が発生するということはまずありえないから、考え方としては、「結果的に四日分」ということになる。予定したスケジュールがこなされていくのを見つめるいっぽうで、この四日間がどのような配分で消化されていくかを気に留めておければベストである。

かくして、多くの仕事をテキパキとこなすための長期計画は、二枚腰、三枚腰になった。「週に半日の空白時間」をつくるだけで、なんとなくノビができる気分になるのだから、精神的にもかなりラクになれる。頭のいいビジネスマンは、こういうちょっとしたことで大きな差をつけていくのだ。

ところで、この話の本筋は、あくまでも「計画」である。したがって、これ以上の心配をすることは、かえってナンセンスになる。仕事の相手がいきなり契約を破棄《はき》してきたら、とか、企画が他社で先行されていたら、とか考えてしまったら、そもそも計画などは立てられないものなのだから。

デキる人が「大きな仕事」を飄々《ひょうひょう》とこなす理由

仕事は、料理に似ている。面倒そうな料理も、一つひとつのプロセスに分解して考えると、何ということもなくなる。タマネギをみじん切りにする。バターと牛乳と小麦粉でホワイトソースをつくる。エビやイカをゆでる――。そうやって別々に考えれば、一つひとつのプロセスは、即席ラーメンをつくるのと、さほど変わらなくなる。

仕事も基本的にはこれと同じだ。NHKの『プロジェクトX』に登場するような画期的なプロジェクトでもないかぎり、大きな仕事というのは、プロセスの数が増えるだけのことで、仕事の難易度が上がるということはめったにない。

かりに、テーマパークの建設という大事業を一手に任《まか》されたとする。その場合は、関連や下請けの会社が何社にもおよぶばかりか、宣伝、デザインといったアーティスティックな方面に気を配らなければならないうえに、関係省庁や地域住民との折衝《せっしょう》といった骨の折れる交渉まで加わってくる。これをひとまとめにして考えたら、とてもできないと思えてしまう。精神的パニックにさえ陥るかもしれない。

しかし、こうした大仕事も、分解して考えれば、要は、電話をしてアポをとり、人と会って話をまとめることの集積にすぎない。何も、それまでに一度もできなかったアクロバットをやれと要求されているわけではないのだ。裏を返せば、どんなに小さな仕事にも困難はともなう。たとえば、一本の電話を入れて一個の物を売るというのは、なまやさしいことではない。だが、日ごろ、そうした小さな仕事をこなす技術を身につけているのなら、大きな仕事もそれを積み重ねていくだけと考えればいいのだ。

そこで、これまで紹介してきた計画性というものが、大いに役立ってくる。全体を部品に分解して考えるということは、一瞬、全体を見つめる計画性と矛盾するように思えるかもしれないが、じつはそうではない。部品一つひとつの組み立てに目を向けるのは、全体を組み立てていく計画を細分化して綿密にしていくことにほかならないからだ。

たとえば、テーマパークのコンセプトづくり、宣伝計画についてのスケジュールがしっかりと見えてくれれば、同時に、それを社内や外部にプレゼン（発表）すべき期日も見えてくる。さらに、そうして計画を立てるうちに、どの部門から手をつけたらいいかの優先順位もはっきりとしてくるだろう。

仕事がたて込んでもパニックにならない極意

優先順位の話がでたところで、そのポイントを突っ込んでみよう。

「ホームズ学」で知られる多摩大学の河村幹夫《かわむらみきお》教授は、当日と翌日に片づけなければならない仕事をフセンに書き込んで手帳に貼り付ける習慣を長年つづけているという。その際、フセンに書き込まれる仕事で、優先順位の高いものには★印がつけられる。そして、教授は、この★印がつけられた仕事は、ほかにどんな仕事が舞い込んできても絶対に優先するというのだ。

「今日できることは、今日のうちにやれ」という言葉があるが、現実には、一日にやれることは時間的にも物理的にもかぎられている。何もかもこなそうとしたら、ほんとうにやっておくべきことまでおろそかになるばかりか、心身のストレスも限界を超えることになってしまうだろう。教授が★印をつけておくのは、そうした混乱を回避する交通整理のためにほかならない。

とはいえ〝言うは易《やす》く行なうは難《かた》し〟である。まず、どんな仕事を優先すべきかを判断

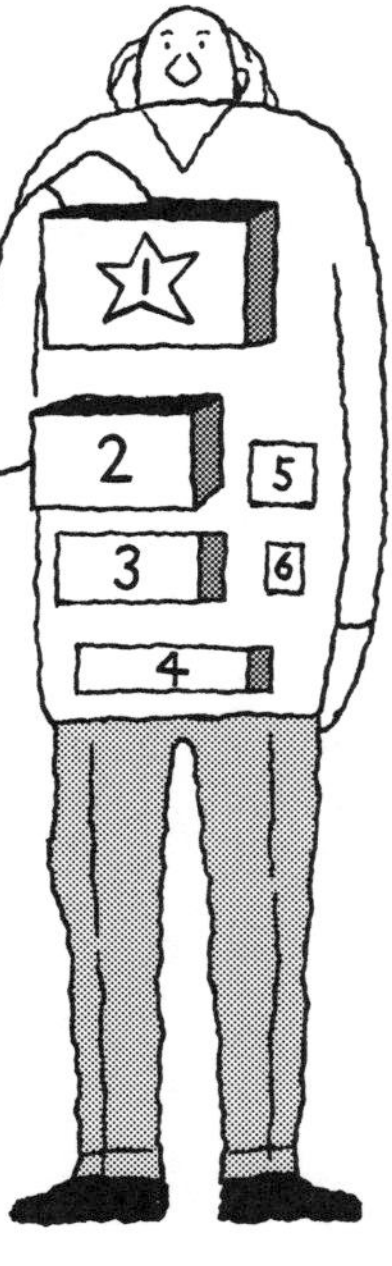

どんな仕事にも
優先順位をつける

するためには、それなりのバランス感覚が必要になる。

たとえば、トラブルにおける外部への謝罪を、社内の緊急会議が入ったことによってキャンセルしてしまう若いビジネスマンがいる。この場合は、彼が抱えたトラブルが泥沼に陥ることはいうまでもない。トラブルの謝罪は誠意が第一で、キャンセルやペンディングは絶対のタブー。社内の緊急会議がいかに重要であっても、それを欠席してでもトラブル処理を優先しなければならない。

また、そのバランスがわかっていたとしても、じっさいに優先順位を保つのは至難《しなん》の業《わざ》になる。上司は、部下の都合をいちいち配慮したりせずに、思いつくままに仕事を命じてくる。それを全部受けていたら、手帳に書き込まれた最優先事項は、どんどん下位に落ちていってしまうだろう。

そこで、最優先と決めたことは絶対に動かさない信念、いいかえれば、きっぱりと上司の要求をはねつける度胸が必要になってくる。仕事でパニックに陥る社員のほとんどは、〝NOといえない社員〟だ。「いま、どうしてもやらなければならない仕事がありますので」のひと言がいえないために、身動きがとれない仕事渋滞に陥ってしまうのだ。

以上のように、周囲との関係がからんでくるために、自分で決めた優先順位を守ることは、なかなかムズカシイ。

そこで、優先順位を決めるうえでのいちばんのコツを紹介しておくと、それは、「やらなくてもいいことから考えてみる」ことだ。案外、何が重要かよりも、何が重要でないかのほうが見定めやすいもの。そう考えれば、最優先は見つからなくても、すくなくとも優先すべきことはおのずと見えてくるはずである。

「確実な事」と「不確実な事」、どちらを優先する?

某広告代理店に、いつも社内での打ち合わせが長引いて、社外での打ち合わせに遅刻してしまう女性部長がいる。社外でのアポを忘れているわけではないから、ギリギリの時間にはタクシーに飛び乗る。ところが、たいてい渋滞に巻き込まれてしまうので、結果的に遅刻の常習者になってしまっている。その女性部長は、タクシーに飛び乗るたびに、「運転手さん、空を飛んでいって!」と叫ぶそうだ。

女性部長は、どうしたらこの問題を解決できるだろうか?

まず、彼女は、何が確実で何が不確実であるかの見極《みきわ》めをしなくてはならない。社内の打ち合わせも社外の打ち合わせも、同様に重要だろう。だが、どちらが確実かといえば、それは、圧倒的に社内の打ち合わせということになる。社内の打ち合わせは、たとえ途中で打ち切っても、その場でつづきの約束さえ交わしておけば、再招集をかけることはたやすい。それにたいし、社外の打ち合わせは、単純に会社から離れていることに加えて、交通渋滞の問題がある。タクシーを使わないとしても、電車にも人身事故や車両事故の可能性がつきまとう。つまり、移動という行為は、それだけで大きな不確実性をはらんでいるのだ。先方が初めて訪ねる場所のような場合は、その不確実性は大幅にアップすることはいうまでもない。

となると、ここでひとつの習慣術が見えてくる。それは、「不確実なことから先に押さえろ」というものだ。確実に時間どおりに着くかどうかわからない場所には、社内会議も食事も後回しにして、真っ先に現地に到着しておく。あるいは、確実にOKがとれるかどうかわからない相手は、いちばんに押さえておく——。

後者については、その相手のOKが仕事の大前提にならない場合でも、そうすべきだろう。たとえば、雑誌やCMの仕事などでは、有名カメラマンと有名タレントを押さえた日にスタジオが押さえられないという事態が時折起こる。ふつうならば、スタジオが押さえられないということは、まずない。だが、特別にスタジオが混む日にぶつかってしまったら、辺鄙《へんぴ》な場所のスタジオも確保できないことだってあるのだ。そこで、抜け目のないビジネスマンなら、スタジオはいつでもキャンセルがきくということで、真っ先にスタジオを押さえておくはずだ。「変更可能なことは、とにかく先に決めてしまう」というのも、ひとつのポイントといえるだろう。

「ラクな事」より「イヤな事」を先にすませるべきか?

アメリカのビジネス界には、「ジャッキー・ワードの法則」といわれるものがある。ジャッキー・ワードは、コンピュータ・ジェネレーション社（ホテル業界向けコンピュータ・ソフト会社）の女性社長で、彼女は、この法則について、つぎのように解説している。

「私は、面倒な謝罪の電話、トラブル処理の会議などは、さっさと片づけてしまうことにしています。それらを未解決のままに先延ばしにしていると、イヤな思いをしている時間がそれだけ長くなって、そのせいで、楽しく生産的にやれるはずの仕事にも悪い影響がでてきますから」

ワード社長によれは、その法則には、もうひとつの利点がある。それは、多くの恐ろしいことは、じっさいに手をつけてしまえば、想像するほど恐ろしくないことがわかることだという。歯医者にいくのをためらっているうちに、ドリルで歯をほじくられる痛みへの恐怖がますます募《つの》っていく。ところが、恐怖が育つ前に歯医者に飛び込んでしまうと、最近の電気ドリルは虫歯の痛みほどには痛くないことがわかる……。日本では、これを〝案ずるより産むが易し〟という。

とはいえ、「ジャッキー・ワードの法則」が絶対であるとはかぎらない。それどころか、ファイナンシャル・プランナーのブレッキン・パブロッキ女史は、「営業職は、一日の初めにはイヤなことはするな」と、正反対の法則を提唱している。その理由は、まず楽しいことから始めれば、心が軽くなってリラックスするからだという。なるほど、いかにも屈折のないストレートな論理だ。

はたして、真っ向から対立する両法則のどちらを信じればいいのか？

私としては、どちらが正しいかということよりも、ワード社長とパブロッキ女史の性格の違いに着目してみるべきだと思う。論理というのは、多くの場合、その人の性格を原点にしている。ひと口にいうと、ワード社長は悲観派で、パブロッキ女史は楽天派である。

ワード社長が「イヤなことから始めよ」と提言するのは、彼女自身が、イヤなことが残っているかぎり、楽しいことから始めてもリラックスできない性格だからだろう。

いっぽう、パブロッキ女史が「楽しいことから始めよ」と教えるのは、彼女自身が、楽しいことから始めさえすれば、イヤなことが残っていても心楽しくなれる性格だからであろう。

つまり、どちらの法則を信じるべきかは、あなたが、どちらの性格に属しているかによるのだ。

「返事とお礼」はすべての仕事に優先させよ

仕事の優先順位の決め方についていろいろ紹介してきたが、ここでは見逃しがちなポイントを紹介しておこう。それは「返事とお礼は、早ければ早いほうがいい」という事実である。

ところが、じっさいは、目の前の仕事に忙殺《ぼうさつ》されていると、どうしても返事とお礼は後回しになる。紙に書かれた伝言、メール、FAXは、こちらのペースにかかわりなしに舞い込んでくる。贈り物も同様だ。両方とも、仕事のペースを中断させる闖入《ちんにゅう》者にほかならない。だから、テキパキと仕事を進める人ほど、返事とお礼を後回しにする傾向にある。じっさい、バリバリの仕事師からは、「返事が遅れて申し訳ありません」とのセリフをよく聞かされる。

ところが、中谷彰宏《なかたにあきひろ》氏は、それとはまったく逆に、「返事とお礼は、すべての仕事に優先する」という習慣術を掲げている。中谷氏といえば、スピード読書術やスピード勉強術などで知られる〝時間処理の達人〟だが、その中谷氏が、仕事のペースを中断させる返事とお礼を優先するとは、ちょっと意外ではあるまいか？

しかし、中谷氏自身にとっては、それはすこしも意外なことではないという。彼は、手紙の返事を書かなかったり、FAXやメールの返事を送らないままにしておくと、そのことが気になって、いまやっている仕事に集中できなくな

仕事のペースを守るため
返事とお礼は最優先に

るという。

そこで、彼は、手をつけている仕事を中断しても返事やお礼を優先する。

たしかに、返事やお礼は、やってしまえば五分程度ですむ。その程度の時間で、あとの仕事が集中できるのなら、ずっと費用対効果がいい。つまり、中谷氏は、仕事のペースを守るためにこそ返事とお礼を最優先にしているわけだ。

ただし、この習慣術は、あくまでも、返事とお礼をテキパキと手早くすませてこそ有効なのだということをお忘れなく。ときには、ごていねいな返事を長々と書いていて、仕事を長時間、中断させてしまう人がいるが、これでは本末転倒《ほんまつてんとう》。ビジネスのやりとりに、バカていねいな長文の返事など必要ないのだから。

多忙な人こそこの「時間産出術」を実践すべし

森鷗外《もりおうがい》は、陸軍軍医の仕事をするかたわら、小説家・翻訳家として多くの傑作を残した。陸軍軍医の仕事というのは、通常の軍職をはるかにしのぐ激職《げきしょく》だという。だから、「鷗外は、いつ、どこで、どうやって小説を書いていたのか」が、文学界におけるひとつの大きな謎とされてきた。

しかし、経済評論家の竹内宏《たけうちひろし》氏は、「時間は生みだそうと思えば、いくらでも生みだせる」と、その謎をあっさりと解いてみせる。竹内氏は、さまざまな仕事に忙殺されながら数多くの本を物してきたが、はたして、そのマジックを可能にした習慣術とは何か。

それは、「一五分の空き時間」の有効利用である。

朝起きて出社してから、家に戻って眠るまでの一日を思い浮かべてみよう。ビジネスマンの一日には自由な時間など一分もないというイメージがあるが、はたして、そのとおりだろうか？　昼食を終えて仕事に戻るまでの時間、会議と会議の合間、仕事先に早めに着いたときの待ち時間——。それらを加算すれば、15分×2、ないしは、15分×3くらいの「自由な時間」があるはずなのだ。

じっさい、竹内氏は、「一五分の空き時間」を使ってコツコツと断片をつくりながら、何冊もの本を書き上げてきたという。ジグソーパズルは、多くのピース（断片）からなっているる。それと同じことで、全体の構想さえ見えていれば、ピース一片一片を仕上げていく方式に何ら不都合はない。膨大な時間をかけて一気に仕上げる必要はないのだ。

竹内氏は、そのためには「切り替え」が大切だと強調している。同時にさまざまな仕事をこなしていくためには、それぞれの仕事が互いの時間を侵略し合わないようにしなければならない。

つまり、ひとつの仕事の終了ゴングが鳴ったら、その仕事はパッと切り上げて、べつの仕事のリングに移る必要がある。そうしてこそ、はじめて一日が有効な時間の集合になるというわけだ。

大文豪の森鷗外も、おそらく同じ発想をもっていたのだろう。『雁《がん》』『山椒大夫《さんしょうだゆう》』『阿部《あべ》一族』などの傑作が、クールな断片作業によって書き上げられたのだとしたら、これは案外、鷗外文学についての新しい発見といえるかもしれない。

終業後のこの「ひと手間」が差をつける

仕事の切れ目というものは、どこにあるのだろう。

たとえば新橋のガード下あたりにでかけていくと、大勢のサラリーマンが、威勢よくオダをあげている。新橋での飲み方には、終電までにお開きにするかわりに終業と同時に飲み始めるという法則があるといわれるが、そんな彼らを見ていると、いかにも、一日の終業こそ仕事の切れ目といった感がする。

しかし、はっきりいって、こうしたライフスタイルを送ることが許されるのは、ルーティンワークをこなすだけのサラリーマンだけだろう。これまでにも長期的視野に立った仕事の計画をすすめてきたように、本来、仕事というのは、一日一日で切り離して考えることのできないものだ。今日の仕事は、常に明日につながっている。いや、明日につながっているというよりも、長期計画のうえでは、今日の仕事は、二週間後、三週間後の完成から遡った一点と考えるべきなのだ。

その発想に立てば、終業の後に翌日の仕事をおさらいしておく心がけは、絶対に必要になる。具体的には、会社をでる前に「翌日の仕事内容を箇条書きにする」ことをおすすめする。そうすると、明日を超えて、一週間後、二週間後の仕事の進め方もおのずと見えてくるはずだ。

その作業にかかる時間は、一〇分もあればじゅうぶんだろう。

終業後、さっさと赤ちょうちんにでかけるサラリーマンなら、ビールの一本も空いているころだが、頭のいいビジネスマンは、日々、ビール一本分の時間で、つぎの仕事への布《ふ》石《せき》を打っているというわけだ。

さて、あなたはどっち？

✣イマイチの人は今週のスケジュールくらいには目を配れるが、頭のいい人は、スケジュールを二か月単位で把握し、調整している。

✣イマイチの人は締め切りギリギリに合わせて仕事を進めるが、頭のいい人は、不測の事態に備え、締め切りの半分くらいの日程で計画を立てる。

✣イマイチの人は一週間びっちり仕事をしようとするが、頭のいい人は、一週間のうち半日は、何もしない予備の時間を確保してある。

✣イマイチの人は大きな仕事をもらうとパニックになるが、頭のいい人は、それを分解して、小さな仕事の集合体として一つずつ処理し、難なくクリアしてしまう。

✣イマイチの人は仕事を抱えて結局どれも中途半端に終わるが、頭のいい人は、今日やることの優先順位をつけ、大切なことからキッチリ処理するので仕上りも完璧。

✣イマイチの人は厄介なことを後回しにするが、頭のいい人は、不確実なことほど先に決めてしまうので、心穏やかでいられる。

✣イマイチの人は朝一の仕事を何の考えもなしにやってしまうが、頭のいい人は、もっとも大変なこと、あるいはいちばん楽しいことを朝一に終わらせる。

❖イマイチの人は多忙だと返事とお礼を後回しにするが、頭のいい人は、返事とお礼を最優先させる。

❖イマイチの人はわずかな空き時間をムダにすごすが、頭のいい人は、空き時間に大切な仕事をコツコツやり、いつのまにか大きな仕事を成し遂げる。

❖イマイチの人は仕事が終わると酒場に走るが、頭のいい人は、その前に、明日やる仕事を箇条書きに書きだしてから酒場へ向かう。

3

●「自分の時間がない」多忙なあなたへ――

ムリせず余暇を確保する時間習慣のススメ

プラス思考が「自分の時間」をつくる

ビジネスマンは、一日にどれくらいの「自由時間」をもっているのだろうか？

かつて東京都情報連絡室が行なったアンケートでは、以下のような結果がでている。

一時間未満……………………一四・七パーセント
一時間以上二時間未満………二六・一パーセント
二時間以上三時間未満………二七・二パーセント

この数字を見ると、ビジネスマンといっても、人によって忙しさが違うものだという当たり前の感想を抱かされる。しかし、この調査では「自由時間」の定義はアンケートに答えたビジネスマンに任《まか》されている。


じっさい、何が「自由」で何が「拘束《こうそく》」かは、人の感じ方によってまったく違ってくる。

たとえば、部内の飲み会については、これを就業の一部と考える人にとっては「拘束時間」となるし、仲間で大いに楽しむ場と考える人にとっては「自由時間」になる。

また、東京から新潟へ出張する際の上越新幹線の車中などは、鉄道好きや旅行好きには儲《もう》けものの「自由時間」に思えるだろうし、その反対に、出張でデートをオジャンにさせられた人には、いまいましい「拘束時間」に思えることだろう。

さらに、ベテランのビジネスマンのなかには、つまらない会議を「ぼんやりと頭を休めるくつろぎの時間」にあてている人もいる。これも一種の「自由時間」であり、「なんて、つまらない会議ばかりなんだ」とイラついているよりは、よほどスマートな時間のこなし方といえるだろう。

というわけで、一日のうち、どこまで「自由時間」をもてるかは、その人がどれだけ〝プラス思考〟できるかによって違ってくることがおわかりいただけるはずだ。

古代エジプトで、ピラミッドづくりの石を運ばされた農民のなかには、「神に奉仕する喜び」を抱いていた者も数多くいたという。私たちから見れば、自由時間など皆無で、奴隷のように働かされているように思える農民も、じつは自由で充実した時間をすごしていたのかもしれないのだ。

ちなみに、私の場合は、接待ゴルフは嫌いだがゴルフじたいは好きなので、仕事関係者とのゴルフでも、ひとりで黙々《もくもく》とプレーしてしまうことが多い。つまり、私の場合、イヤな相手と酒を飲むことは「拘束時間」になるが、イヤな相手とのゴルフは、それがゴルフであるかぎり「自由時間」ということになる。

そこで、前出のアンケート調査にもどってみると、「自由時間」が「一時間未満」と答えた人は、プラス思考ができないせいで、必要以上に「拘束時間」をカウントしている可能性が大だ。むしろ、自由時間が「二時間以上三時間未満」と答えた人のほうが、仕事を楽しむ術《すべ》を知っていたりするのである。

「スキマ時間」がどれくらいあるか把握しておく

「拘束時間」を「自由時間」に転換するプラス思考は、一歩進めると、時間の長さについてのイメージを変えることもできる。「あと一〇分しかない」と考えたりせず、「あと一〇分もある」と考えることで、一日のスキマ時間を有効な時間に変えることができるのだ。

ロケット博士として知られる糸川英夫《いとかわひでお》氏は、スキマ時間を有効利用する習慣術をじつに鮮やかに示してくれる。

趣味でチェロも演奏する糸川氏が、以前、ＮＨＫラジオの音楽番組に出演したときの話だ。すこし早めにスタジオ入りした糸川氏は、本番の一〇分前に、番組スタッフの前でリハーサルを始めた。その日に弾《ひ》く曲を二、三回弾いて、スタッフの意見を参考にしながら、演奏の最後の仕上げを行なったのだ。

糸川氏によれば、この一〇分間はきわめて貴重な時間で、その調整があるとなしとでは大きな違いだったという。ふつうの人なら、「あと一〇分しかない、もう何もできない」と思うところを、糸川氏は〝意識的〟に最終仕上げの時間にあてたのだ。

ここで肝心なのは、その〝意識的〟という点である。糸川氏は、「スキマ時間を有効利用するためには、その日のどこに、どれだけのスキマ時間があるかを、あらかじめ予測しておく必要がある」という。つまり、糸川氏は、本番前の一〇分を予定時間に入れていたからこそ、そこで余裕をもって最終調整を行なうことができた。糸川氏にとっては、スキマ時間も予定の一部にほかならないというわけだ。

この習慣術を、一般のビジネスマンは、どのように応用すればいいだろうか？

たとえば、朝、目が覚めたとき、その日に行なう重要なプレゼンの資料が整理されていないことに気がついたとする。ふつうならパニックに陥りかねない危機だが、通勤電車のなかでスキマ時間を探していくうちに、「あわてることはない」ことがわかってくる。つまり、プレゼンは、午後一時半からだから、その五分前にコピーを終わっておけばいい。コピーにかかる時間は、二〇人分でおよそ一〇分。昼休みは正午から一時までだが、昼食を一五分ですませれば、四〇〜五〇分ほどの整理と書き直しの時間があることになる。九割方は仕上がっているのだから「もう心配ない！」というように、時間は、常にじゅうぶんにあるのだ。

本番直前のスキマ時間は、あらかじめ予測することによって、ギリギリの時間から予定の一部に早変わりする。コペルニクス的転回などはいらない。発想を一〇度くらい転回するだけで、大きな違いが生まれるのだ。

空いた時間はインプットよりアウトプットに使う

時間は、常に発想のちょっとした転回によってヒネリだされる。これから紹介する習慣術は、転回というよりも逆転の発想といえるかもしれない。

ある雑誌記者と大阪に取材旅行にいったときのことだ。帰りの東京行きの新幹線のなかで、その雑誌記者は、早くもパソコンを取りだして原稿執筆を始めた。私は、「なんとも感心な心がけだね」といおうとして、「よく、こんなところで原稿を書く気になるね」といいかえた。そちらのほうが、私としては正直な気持ちだったからだ。彼は、「電車に長い時間乗っているのがキライなんで。ヒマで退屈でどうしようもないから、原稿書きでもしてやろうかって気になるんです」と答えた。

私は、この答えに興味を覚えて、「退屈の苦痛よりは、原稿書きの苦痛のほうがマシってこと？」とツッコんでみた。すると、彼は、「そうでなきゃ、とても原稿書きなんて始める気が起こらないですよ」と、やけにマジメな顔でいった。

これは、なかなか人間心理を突いた習慣術だと私は思った。ほかに楽しいことがいろいろとできそうなときは、たしかに原稿を執筆しようという気にはなれない。原稿執筆しかすることがないときとは、案外、車中や機内に長々と閉じこめられているときなのかもしれないのである。

私には、二、三時間の車中ではビールを飲みながら文庫本を読む習慣がある。とくに旅行マニアでもないので、そ

うやって時間つぶしをしているのだ。しかし、よくよく考えてみると、車中で読む本はあまり頭に入らず、けっきょくは、ひたすら時間つぶしをしているだけだったのかもしれない。

前出の野口悠紀雄氏は、「移動時間、出先時間は、インプットでなくアウトプットのチャンス」と指摘している。ここでのアウトプットとは、ふだんは書くヒマのない手紙、面倒な原稿、業務日誌などを書くことだ。野口氏もまた、くだんの雑誌記者同様、それらのアウトプットのとっかかりに苦労するほうなので、いっそのこと移動時間や出先時間を選ぶのだという。つまり、それ以外のことは何もできない時間を意図的に選んでいるわけだ。

これは、私のような移動時間＝インプット（読書）派にとっては、〝目から鱗《うろこ》が落ちる〟ような話だろう。頭に入れる（インプット）集中と頭からだす（アウトプット）集中は、種類が違う。仕事の場合、どちらかといえば、頭に入れるほうが要求される集中の度合いが高い。そのことは、話を聞くよりも、話をするほうがラクなことでもわかる。その意味でも、雑音や振動で集中力をそがれる車内、機内での移動時間は、アウトプットにこそふさわしい時間といえるわけだ。

「まとまった時間」をどう確保すればいいか?

これまでは、断片的な時間、スキマ時間の有効利用法を紹介してきた。ここでは、ホコ先を変えて、「ひとまとまりの時間」の必要性について述べておくことにしよう。

もちろん、ビジネスマンは、何かを仕上げるための「ひとまとまりの時間」など、そう簡単にはもてないものだ。だからこそ、ジグソーパズル的な時間利用法を紹介してきたわけだが、とはいっても、やはり、ときには中断してはならない仕事というものもある。中断してはならない作業を中断すると、パズルのピースがなくなってしまうことだってあるからである。

上智大学の渡部昇一《わたなべしょういち》教授は、その最悪の例を歴史的に有名な一幕から引いている。ワーズワースとともにロマン主義運動の先駆となったイギリスの詩人コールリッジが、書斎で『クラブ・カーン』という詩を書いていたときのこと。五十数行まで書いて、つぎの素晴らしい詩句が脳裏をかすめた瞬間、メイドに訪問客の来訪を告げられた。

悲劇は、それによってもたらされた。数分間、訪問客の相手をして机に戻ると、コールリッジの頭からは、閃光《せんこう》のように輝いた詩句は消え去っていた。以後、コールリッジは、どうしてもその一節を思い出すことができなかった。英語詩の最高の名編とされる『クラブ・カーン』が未完のままで終わっているのは、そのためだという。

こんなことが起こるのは、何もデリケートな魂《たましい》をもつ詩人にかぎらない。

前出の野口悠紀雄氏は、一連の講義が途中でタイムアップになったあとの再開の手間どりや、仕事が中断したあとの記憶の呼び戻しの困難を「中断シンドローム」とよび、「仕事をするうえでもっとも重要なのは、中断しないひとまとまりの時間を確保することだ」と強調している。

ビジネスマンは、その「ひとまとまりの時間」をどうやって確保したらいいのか？

個人の仕事としては、早朝出社する、喫茶店に逃げ込むなどの手が考えられるが、会議など集団での仕事なら、「うしろがない時間」をあてるのも手だ。中断すると再開が手間どるような会議は、会議後には遅い夕食をとったり飲みにいったりするしかない時間帯に設定する。その時間帯なら、会議の勢いで何人かは夕食か飲み会に流れる。うまくすれば、酒の勢いも手伝って、夜を徹しての徹底会議ができる。その際は、ケンカ寸前の白熱の論議も期待できそうである。

「時間を買う」という考え方を持って仕事を見直す

ビジネスマンが時間のやりくりに四苦八苦しているいっぽう、現代では、あちこちで時間が売られている。現代に興った産業は、ほとんどすべてが〝時間ビジネス〟であるといっていい。洗濯機、クルマ、新幹線、ファストフード、宅配便、インターネット……。それらは、すべて時間の短縮を商品化したものといえる。

しかし、多くの人は、時間の短縮にお金を払ったからといって、あまった時間に何かをしようとしているわけではなさそうだ。あちこちで時間が売られているので、これといった展望もなしに時間を買わされている、といったほうが正しいだろう。

だが、頭のいいビジネスマンは、買ってトクする時間とソンする時間をちゃんと見極めている。たとえば、編集者には、ライターからデザインのプロデュースまでをすべて外注するタイプと、そのふたつを自分でやってしまうタイプがいる。後者は、経費の大幅削減を建前とするのだが、何でも自分の手でやる方式では、手がける本の数はかぎられてしまい、たかが知れている。

いっぽう、前者は、経費を使って自分の時間を〝買って〟いるため、かなりの点数の出版物を同時にプロデュースできる。つまり、年間のタームで眺《なが》めれば、外注の経費を差し引いても、前者のほうが圧倒的に利益を生んでいることが多い。

もちろん、もっと個人的な時間の〝買い方〟もある。たとえば、資料探しを、有料のデータベース・サービスで代行すれば、かなりの時間が節約できるし、長距離通勤のビジネスマンが指定席やグリーン車を奮発《ふんぱつ》することで、〝電車に座れる時間〟を〝買う〟こともできる。それによって仕事の能率が格段に上がるのなら、それは安い買い物だともいえる。

ちなみに、私はかつて、ケータイをあえてもたない人間であった。約束の時間に遅れそうになると公衆電話を探して駆け回るという時間のロスも平気で犯していた。また、

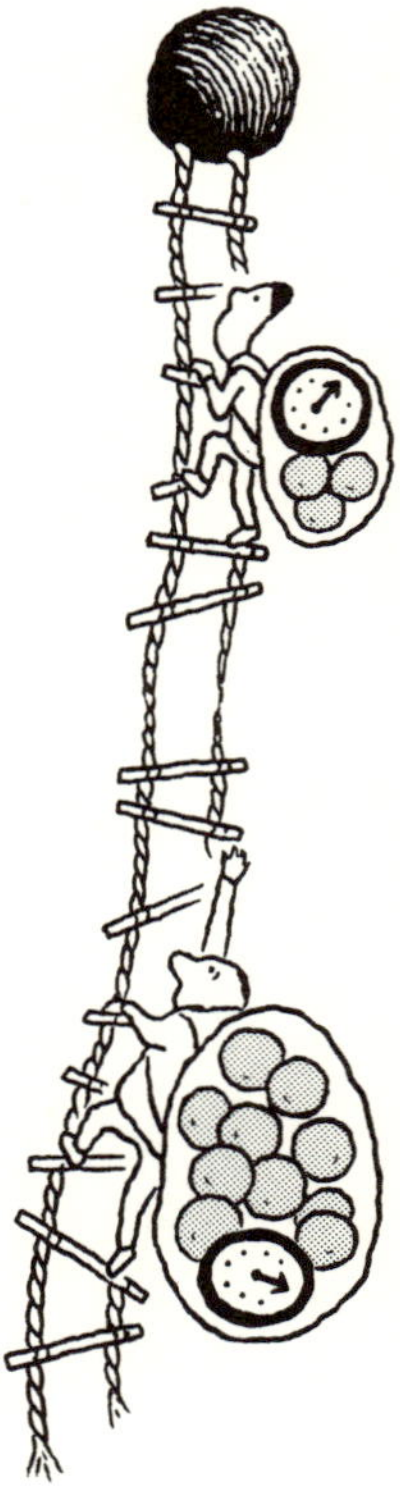
何でも自分でやるより
時間を買って合理的に

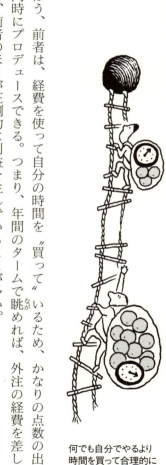

ワープロのオアシスという機種を使っていたので、原稿を電子メールで送受信するとき、いちいちテキスト文書に変換しなければならなかった。

しかし、そのいっぽうで、ケータイをもたないことは、私にかなりの自由時間を与えてくれていたし、使い慣れた親指シフトのオアシスを使うことは、原稿執筆のスピードという点で、ワードなどよりも数段勝っていた。その双方のバランスで、私については、賢《かしこ》くもなければ愚《おろ》かでもないビジネスマンであったということにしておきたい。

時間を浪費しない「メール」の約束事

現代の時間購入において、もっともシンボリックなのがパソコンの使用だろう。ところが、その時間節約の先端機器が、時間浪費の元凶になることもある。

ビジネスマンの多くは、デスクトップのパソコンにメールソフトを入れて、いつでもどこでもメールの受信をチェックしている。これは、仕事の能率を低下させることはいうまでもない。だいたい、メールで送信してくる用件のほとんどが確認、お礼、アイサツのたぐいで、緊急の用事なら電話かケータイで連絡するはずなのだ。

その点、要領のいいビジネスマンは、メールのチェックなどにはわずらわされない。メール・チェックの時間を決めており、それ以外の時間は見向きもしないからだ。

彼らの話を総合すると、そのチェック時間は「午前中に一回、午後に二回」という人がもっとも多い。また、すぐにレスポンスができるとはかぎらないので、フラグ機能を使って重要と思われるメールには印をつけておくのも、彼らの常識だ。それもまた、時間節約の機器が時間浪費の機器に変貌《へんぼう》しないための知恵といえる。

もっとも、私としては、一日に三回でも多いという気がしてしまう。メールを一度開いたら、受信のチェックだけではすまされず、返信の作業が付随してくる。メールでの緊急の要件はまずありえないとはいえ、なかには重要な問い合わせが交じっていることもある。けっきょくは、一度開いたら返信の作業に手間をとらされ、いまやっている作業が中断されることになってしまう。

そこで、私は、返信の文面がきちんと書ける時間があるときだけ、メールを開くことにしている。そうすると、受信と送信が一度に終わるぶん、作業が早く終わるからだ。それもまた、私の無精《ぶしょう》のなせる業《わざ》かもしれないが、無精もまた発明の母。もしよかったら、こちらの習慣術も参考にしていただきたい。

「反対思考の時間術」の利点と欠点

さて、時間を生みだす習慣術の最後の項目である。これまで紹介させていただいた時間の利用法あるいは節約法は、いずれも発想を五度か一〇度ばかり転回させれば、だれにでも実践できるものだった。しかし、これから紹介する習慣術には、多少、抵抗を覚える方もいるかもしれない。というのは、それを実践すると、人間の当たり前の習慣にすこしばかり逆らうことになるからだ。

今年の二月中旬、私は、取材と気晴らしを兼ねて京都にでかけた。二月中旬の京都といえば、すでに雪景色もないわりに肌寒く、さりとて梅も桜も咲いていない。一年を通して観光客でにぎわう京都の、唯一のシーズン・オフにあたる時期だ。しかし、だからこそ、絶好の季節ともいえた。

まず、最初にお得感を覚えたのが、一流ホテルの宿泊料金が四〇パーセント・オフだったことだ。これは、はっきりいってデカイ。それから、何といっても、あらゆる古刹《こさつ》・名所に観光客の姿がほとんどなかったこともありがたかった。清水寺《きよみず》に向かうタクシーの車中で、運転手さんがこんなことをいっていた。

「そりゃ、お客さん、清水寺といえば桜ですよ。しかしね、そんな時期にきてごらんなさい、桜を見るよりも人の頭ばかり見ることになるから。しかも、清水の舞台も境内も、人の行列で前に進むこともできやしない。お客さん、正解ですよ、この時期にきて」

アメリカのウォール街には、「反対思考」という言葉がある。多くの人が売るときに買い、多くの人が買うときに売る、株式投資家の心得を表した言葉だ。評論家のケン・クーパーは、この「反対思考」からヒントを得て、「殺到をさけるために、常にピーク時をはずせ」という発想をアメリカ中に広めた。

この発想は、ビジネスの時間術にも、じゅうぶんに応用することができる。たとえばコンピュータのプリントアウトや書類のコピーは、社員が昼食で出払っているときにする。接待の宴会は、木曜日と金曜日を避《さ》ける。ＡＴＭの利用は、昼休みと夕方を避ける。五と十の日、そして午後三時前後には、絶対にタクシーに乗らない。バレンタインデーの義理チョコを買うＯＬは、一月の終わりに買っておいて、二月一四日まで自宅の冷蔵庫に保管しておく、などなど。

しかし、あまり人のやることを避けてばかりいると、人の習慣からはずれていくことは覚悟しておかなければならないだろう。たとえば、昼休みにコンピュータのプリントアウトや書類のコピーをする人は、昼食をカップメンかハンバーガーですませなければならない。また、お盆をはずして帰郷すれば、故郷の両親はシラケてしまうかもしれないし、まして、花見の季節や忘年会のシーズンをはずそうとすれば、それは花見でも忘年会でもなくなってしまう。つまり、多くの人が集まる時間と時期をはずすということは、それだけ、多くの人が求める習慣を捨てていくことになるわけだ。

頭のいい時間術のモットーは、人生の楽しみを捨てることではなく、むしろ人生の楽しみを増やすことにある。くれぐれも時間を生みだすことに意地になりすぎないよう。もちろん、人と反対のことをやるのが楽しみという天《あま》の邪鬼《じゃく》な人には、この習慣術は大いにおすすめだが。

さて、あなたはどっち？

✣イマイチの人は時間に縛られ人生をつまらなくするが、頭のいい人は、同じ時間を楽しむことでハッピーな自由時間に変える。

❖イマイチの人は予定が狂うとうろたえるが、頭のいい人は〝スキマ時間〟をあらかじめ計算しているから冷静でいられる。

❖イマイチの人はヒマな時間を無意味に使い、頭のいい人は、その時間を日ごろやれないことや、嫌だがやらなければならないことの処理に使う。

❖イマイチの人はヒマな時間を情報のインプットに使うが、頭のいい人は、その時間をアウトプットに使う。

❖イマイチの人は大切な仕事を中断させられるが、頭のいい人は、中断されない〝まとまった時間〟をつくって、集中する。

❖イマイチの人は自分で何でもやるから時間がいつも足りないが、頭のいい人は、時間を買ってでも合理的に進行するから、余裕と富ができる。

❖イマイチの人は常にメールが気になっているが、頭のいい人は、メールを開く時間を決め、それ以外は放っておく。

❖イマイチの人は人生の楽しみをわざわざ捨てながら生き、頭のいい人は、人生の楽しみを増やすべく時間を使う。

4

●ムダなく良質の仕事がしたいあなたへ——

仕事にキレが増す
集中習慣のススメ

デキる人は、やはり「朝型人間」か？

私のような出版界の人間にとって、もっとも頭が下がるのは、朝早くから夜遅くまで働いているビジネスマンである。私が知っている働き盛りの銀行マンは、朝七時に家をでて夜中の一時に帰宅するという勤務形態を平然と守りつづけている。こちらも、夜中の一時に帰宅することはざらにあるが、その場合、翌朝の午前は休業になる。ごくまれに、入稿を終えた翌朝にゴルフで早起き、ということもあるが、それを毎日つづけるなんてことはとてもできない。

その銀行員は、「自分は、完全に朝型の体質になっている」という。平日の疲れがどんなに溜《た》まっている土・日でも、朝の八時にはベッドから起きだすというのだ。

そんな話を聞くと、毎日五時間の睡眠はさぞ不健康だろうと思っていたのが、いかにも健康的に思えてくる。なにやら完全な朝型体質が、朝から夜までの稼働《かどう》をフルパワーにしているという感じなのだ。

一般に、朝型人間は、夜型人間にくらべて仕事の能率が高いといわれる。アメリカのウィルキンソン博士は、人間生理の研究から、そのことを証明している。

ウィルキンソン博士によれば、人間の脳の働きは、体温が上昇するにしたがって活発になる。複雑な計算なども、体温の上昇がピークになったときに、もっとも正解率が高くなるという。博士の研究では、人間の体温は、ベッドに入っている夜中の四時ごろがもっとも低く、起床してからゆっくりと上昇を始め、午後二時ごろにピークをむかえる。それを境に、夜に向かって下降線をたどっていくという。

つまり、朝型人間は、一日の仕事を野球にたとえるならば、午後二時から四時ごろにラッキーセブンの攻勢をかけ、夜の八時ごろからリリーフやクローザー（ストッパー）をくりだして逃げ込み態勢に入るわけだ。そう考えると、ますます朝から夜までの時間は、朝型人間の〝ホームグラウンド〟という気がしてくるではないか。

もっとも、朝型のビジネスマンがフルパワーを発揮できるのは、あくまでも、ほとんどの会社の勤務形態が朝型になっているせいではある。クラブ・ホステスなどは、眠いのをガマンして朝型を保ったとしても、出勤する夕方には体温が下降線をたどってしまっている。そういう勤務形態の人は、ウィルキンソン博士の研究結果をそのままあてはめるならば、やはり、一二時に起床して夕方以降にピークをもってくるしかないわけだ。

偉大なる先人に学ぶ「朝の使い方」とは

こういうと、夜型人間のなかには、安心した人もいるだろう。夜間の勤務形態が前提となっている人、または私と同業の人は、早起きができるかできないかでハンディがつけられてたまるかという思いがあるはずだが、残念ながら、ここで、さらに夜型の人を追い込むような話をしなくてはならない。

フランスの詩人ポール・ヴァレリーは、生涯を通して早起きを守りつづけた。毎朝、夜明け前に起きて、それからの数時間を思索にふけってすごしたのだ。ヴァレリーは、この時間を「朝の禊《みそぎ》」とよんでいたという。ロシアの文豪トルストイも、朝を「神聖な時間」とよんで、思索の時にあてた。

また、ドイツの社会学者・経済学者のマックス・ウェーバーは、けっして朝に新聞を読まなかったともいう。頭脳がもっとも活発に働くのは朝であると知っていたウェーバーは、そんな時間を新聞読みなどという「非創造的な時間」につついやすのはもったいないと考え、重要な書物を読む時間に回したのだ。

彼ら大詩人、大文豪、大社会学者にとっては、脳が活性化する時間は、起床から七、八時間後という計算ではじきだされる時間ではなく、あくまでも朝でなくてはならなかった。彼らは、その根拠を示していないが、こういう創造者には、論理を超えた知的本能がそなわっている。それだけに、彼らの直観には、抵抗しがたい説得力がある。

これを聞いて、朝型生活を前提とするビジネスマンは、夜型人間を大きくリードした気分になるだろう。しかし、朝型の生活は、できるビジネスマンにとっては、すでに当たり前のライフスタイルになりつつある。当然のことながら、朝型生活を守るだけでライバルに差がつけられるはずはない。それでは、どうしたら差がつけられるのか?

そのヒントは、ヴァレリー、トルストイらの「朝の使い方」にある。彼らは、朝を、彼らにとって、もっとも重要な思索に使った。ならば、ビジネスマンは、ビジネスマンにとってもっとも重要なことを、朝に行なえばいいのだ。

ふつうのビジネスマンは、昼までのオン・タイムをアポ取りの電話や上司への相談・報告などのウォーミングアップですごしてしまう。だが、有能なビジネスマンは、午前中にプロジェクトの企画書づくりや困難な交渉などをこなす。脳が盛んに活動している午後二時の七回裏までに、一日の勝負の大半を決しておくのだ。夜の飲み会で、いかにもスッキりとした顔をしているビジネスマンなどは、そのタイプだと思って間違いないだろう。

夜型の人のための一発逆転の発想術

夜型を踏みつけたまま放っておいた格好になったので、このへんで、夜型に救いをもたらす話をしておきたい。

堀場《ほりば》製作所の堀場雅夫《まさお》社長は、『仕事ができる人 できない人』(三笠書房)のなかで、「早起きが三文の得といったのは電気のなかった昔の話。現代のビジネス界では、早起きじたいにはさしたる意味はない」といっている。主張するだけではない。堀場氏は〝アンチ朝型神話〟をじっさいの行動で示してみせる。興《きょう》が乗って夜遅くまで仕事をした翌日は、当然のこととして起床時間を遅らせる。また、毎朝六時半に起床する習慣はあるが、ゆっくりとくつろいでから家をでるので、社員よりも早く出社することはない。

堀場氏は、一日の仕事をコース料理にたとえている。コース料理は、いきなりメーンディッシュがだされることはなく、かならずオードブルから始まる。仕事も、そのように軽いツマミから始めていけばいいというわけだ。

この発想で肝心なところは、「自分が、いつ集中というメーンディッシュにとりかかるのかを強く意識しておくことだ」と堀場氏はいう。言い方を換えれば、一日に集中する時間をもつことができさえすれば、それは何時であってもかまわないということになる。堀場氏は、それが早朝であろうと深夜であろうと、一日に二時間の集中をすることができればいいとしている。

この発想は、一日というのは、その日によって違うという現実感覚をベースにしている。トルストイやウェーバーが、朝に集中する習慣を保てたのは、彼らが、周囲に影響されない作家、学者だったからでもあるのだ。その点、ビジネスマンの場合は、午後一番までに勝負をかける習慣をもっていたとしても、仕事相手の都合で習慣を変えさせられることは常に覚悟していなくてはならない。

また、体調や気分も、その日によってまちまちだ。今日は、何時までにこれをやるぞと決めていても、どうしても頭が働かない日もある。その反対に、思わぬ時間に頭が働きだすこともあるのだ。

状況もバイオリズムも一定でないかぎり、朝だけを創造の時間と決めつけるのは、たしかにナンセンスなのである。

仕事が最もはかどる時間、ダレる時間

堀場氏がいうように、一日に何時間か集中できさえすれば、それは何時であってもかまわない。その時間帯は、人によってまちまちだし、その日によってもまちまちだろう。ただ、人には、それぞれのバイオリズムに応じて、とくに集中しやすい時間帯というものがある。その時間帯を見つけておくと、仕事の計画を立てるうえで大きな助けになる。

某主婦向け雑誌の編集部に、毎日かならず四時に食事をとる編集者（男性）がいる。「それは、遅い昼飯なのか、早い晩飯なのか？」と聞くと、本人も「わからない」と答える。ともかく、自分にとっては、夕方の五時から九時までの四時間がもっとも仕事がはかどる時間なので、それを中断させないためにそうしているのだという。したがって、彼の場合は、毎日の夕食は九時半になる。そのため、七時半ごろから鍋を囲んでの飲み会があったりすると、どうしても食欲が進まず、ほかの人に鍋を平らげられてしまうそうだ。

反対に、人にはそれぞれ、どうしても仕事がはかどらない時間というのもある。たとえば某大手証券会社の証券マンは、昼食の後二時間はどうにもならないので、その時間帯は、

映画を見ることにしているという。好きな映画が見つからないときは、パチンコ屋かゴルフの練習場に逃げ込む。そうやって頭が働きだす時間までやりすごすのも、仕事の能率を上げるための賢い選択といえる。

また、自分がいつ目覚めるのかがわからない人もいる。そういう人は、自分の集中タイムを定めることもできず、発作のようにやる気が襲ってくるのをひたすら待ちつづける。たとえば、『夫婦善哉《めおとぜんざい》』『世相』で大衆文学の旗手となった織田作之助《おださくのすけ》は、執筆時間を常に未定にしていた作家だった。今日も書かず明日も書かず、毎日のように飲み屋に沈《しず》んでいたかと思うと、ふいに飲み屋から書斎に直行して筆をとる。ひとたび筆をとった織田作の集中力はまさに怪物的で、酒場から帰った深夜の一二時から朝の八時にかけて、八〇枚の原稿を一気呵成《いっきかせい》に書き上げることもあったという。

一度ノッたらとことんノリ続ける

織田作の例は極端だとしても、集中力が体調や気分によって大きく左右されるのは、だれについてもいえることだろう。だから、モーレツにやる気がわき起こったときは、空腹も疲労もものともせず、やれるところまでトコトンやってしまう。そんな〝ビッグイニング〟があってこそ、ようやく予定の仕事がこなせるというのもよく聞く話だ。

たとえば、いまは亡き名匠、深作欣二《ふかさくきんじ》監督が語った『仁義なき戦い』の撮影裏話によれば、その撮影は、まさに「ノッたら最後までノリつづける」というものだった。ふつうなら、撮影は、シーンごとに休みが入る。しかし、深作監督は、その中断によって俳優のボルテージが下がるのを嫌い、休みなく、ぶっとおしで撮影をつづけたという。

すると、菅原文太《すがわらぶんた》や松方弘樹《まつかたひろき》などの俳優陣は、疲れがたまって神経がトガり、しまいには凶暴になってくる。じつは、そのシリアスな怒りの顔、声こそが、監督の狙いだった。あるときは、二四時間眠らずに撮影したあげく、監督は、俳優たちに酒を飲ませたという。かくして俳優たちの目は、ますます血走り、異様な眼光を帯びて、ホンモノの切った張ったのムードが生まれたという。深作監督は、「あれはもう、一種の狂騒状態のようなものだった」といっていた。

朝のワイドショーを手がける民放の某ディレクターも、同じようなことをいっている。朝のワイドショーというのは、前日の夜から本番の仕込みをしていくため、スタッフのなかには眠らずに朝のオンエアに突入する人もいる。そのプロセスのなかで、スタッフは、眠らず休まず、カンカンガクガクの議論をつづける。同時に、ネタの入れ替えを行ないながら、麻薬を打ったように興奮を高めていくのだという。眠気や疲労が生む病的な興奮状態がなければ、パワーのあるワイドショーはつくれないとまで、そのディレクター氏は、いってのける。

　このように、有能な仕事人というのは、いつもスマートで賢いとはかぎらない。ときには、バカのようになり、前後を忘れてノリつづけることができる。

　このあたりの事情は、有能なビジネスマンでも同じだろう。一度ノッたらとことんノリつづける。それができる人は、自分の体力と集中力に大いに感謝していい。

趣味は人に自慢できるものでなくてもよい

オン・タイムの話ばかりしてきたが、オフ・タイムでの

一度ノッたら
後先考えずにノリつづける

リフレッシュも、仕事に集中するための重要な要素であることはいうまでもない。

　しかし、昔ながらの仕事人間は、概してリフレッシュの仕方がヘタだ。某建設会社の部長氏は、オフ・タイムの息抜きはひじょうに重要、というところまではわかっている。だから、オフ・タイムには、さまざまな〝息抜き〟をすることを心がけている。ソバ打ち、ゴルフ、水彩画のほか、最近はジャズボーカルの学校にも通っている。手帳を見せてもらうと、毎週の土・日が、そのいずれかの教室で埋まっているのだ。

　しかし、まるで「007」のようなオールラウンドぶりなので、かえって何を求めているのかがわからない。そこで、「このうちの、どれがいちばん、好きなんですか?」と聞いてみたところ、部長氏は、やけにムズカシそうな顔をして首をひねった。ややあって、その口からもれたつぶやきは、「いやぁ、どれなんだか。どれも、疲れちゃうよね」。

　私の〝診断〟では、この部長氏は、何か特別の息抜きがなくてはならないという強迫観念《きょうはく》に駆られただけで、じつは、ソバ打ちもゴルフも水彩画も歌も、まったくピンときていない。好きでもない趣味を無理にやったりすると、仕事より疲れる。彼が、息抜きどころか、それらのせいですっかり疲れてしまったのは、当たり前だったのである。

　彼において、いちばんいけないことは、人に自慢できる趣味、いかにも趣味らしい趣味をもとうとして、見栄を張ろうとしたことだろう。趣味は、心底、自分の好きなことでなくてはならない。どんなにカッコ悪いものでも奇妙なものでも、自分が好きであれば、それでいいのだ。趣味とは、あくまでも自分一人をなぐさめるものであって、他人の批評を必要とするものではない。

ちなみに、私は、クラシック鑑賞、ゴルフ、阪神戦の観戦を趣味としている。たまたま、クラシック鑑賞だけがハイブローな印象を与えてしまうが、私としては、五感をなぐさめられるからクラシックを聴いているだけだ。その証拠に、クラシックについて語るつもりもなければ、語るほどのこともない。

それはともかく、好きでさえあれば、趣味は何だってかまわないのだ。ほんとうにデキるビジネスマンは、仕事上で劣等感をもっていないため、趣味で見栄を張ろうとはしない。事実、私は、ソープ通いが唯一の趣味だというデキるビジネスマンを一人知っている。

仕事がうまくいかない時は「逃げる」

集中するための習慣術の最後は、スランプからのエスケープ法である。仕事相手の契約不履行があったり、自分のミスによって会社に大損失を与えたりしたときは、どんなにガッツのあるビジネスマンも、がっくりと落ち込む。そして、そのいっぽうで、ほかに抱えている仕事をなんとか大成功させようとして、下請け業者に無理な注文をだしたりする。しかし、一発逆転を狙うのは、林のなかからグリーンを狙うようなもので、さらなる泥沼への道を突き進むことになる。

そういう大スランプのときは、もうダメだという絶望感と何くそという焦りから自分の気持ちをそらしてやらなくてはならない。ただし、タイガースの応援やゴルフでウサを晴らそうなどとは考えないことだ。タイガースが巨人にこてんぱんにやられ、ゴルフではバンカーで大叩きなんてことになったら、ウサを晴らすどころか、ストレスが毒素のように身体に充満するばかりだ。

そんなときは、どうせリフレッシュなどはできないといったんあきらめ、心が空《から》っぽになるような単純作業をすることをおすすめする。つまり、リフレッシュではなく、精神的エスケープである。

私が親しくしている某編集者は、熱を入れた企画が通らなかったりすると、いったん編集者であることをやめて黙々と経費の精算を始める。五時間でも六時間でも、デスクの前に座って電卓をはじきつづけるのだ。彼によれば、経費の精算は、単純作業で気がまぎれるというだけではない。イヤなことを思い出していると計算を間違えるため、自動的にイヤな思いが追い払われるのだという。

このエスケープ法も、けっして悪くはないが、長時間デスクの前に座っているのは、腰にも内臓にもよくない。立って身体を動かしながらエスケープする、何かいい方法はないだろうか？

たとえば、机の整理なら、いらない本や書類を抱えてゴミ箱に運んでいったり、机を拭いたりという労働がともなう。疲れたついでに、腰を伸ばしたり屈伸したりの軽い運動もできる。

じっさい、大手服飾メーカーの某ビジネスマンが、すでにこれを実践していた。だが、それには、ちょっとしたオチがついている。彼は、自分が率先して進めたプロジェクトに予算がつかなかったことで、気をまぎらすために机の整理を始めたのだが、それが、彼のフンマンを知っているまわりの社員には退職の準備をしている姿のように見えた。後日、直属の上司が彼を酒に誘って、自分の失敗談をしみじみと語ったあと、「お前、こんなことで辞めてどうする」と詰め寄ってきたそうである。

さて、あなたはどっち？

❖イマイチの人は午前中の仕事をウォーミングアップ程度に考えているが、頭のいい人は、午前中に大切な仕事や、困難な仕事を済ませてしまう。

❖イマイチの人は常に一定の力で仕事をするが、頭のいい人は、一日のうちのどこかでかならず集中する。さらに頭のいい人は、自分の仕事がもっともはかどるピーク時間を知っていて、そこで集中する。

❖イマイチの人は時間を意識しながら仕事をするが、頭のいい人は、一度ノッたら後先を考えず、とことんノリつづける。

❖イマイチの人は休日をダラダラすごしたり、趣味を無理にやって疲れるが、頭のいい人は、ほんとうに好きなことに時間を割《さ》くため、リフレッシュできる。

❖イマイチの人はスランプのときに無理するからドツボにはまり、頭のいい人は、不調のときに身体を動かして頭を一度空っぽにするから、立ち直りも早い。

5

●難問やアイデアに頭を悩ますあなたへ――

決断力と発想力がつく
問題解決習慣のススメ

「難問の解決策」が見つかる最善の方法とは

アルキメデスは、風呂に入ったとき、湯舟に満たされた湯があふれでたのと同時に自分の身体が軽くなったのを感じて「浮力《ふりょく》の原理」を発見した。ニュートンは、故郷のリンカーン・ウールスソープで、生家の庭に生えているリンゴの木から実が落ちるのを見て、「万有引力の法則」を発見した。そして、キュリー夫人は、たまたま夜の実験室に入り、闇のなかで不思議な光を放つ物質があるのを知って「ラジウム」（ウランと共存。医薬品にも用いる）を発見した。

いずれも、あまりに有名な発見のエピソードである。小学校や中学校の先生は、これらのエピソードを語って聞かせるたびに、「このように、発見というのは、偶然から生まれているんです」と、お決まりの言葉で結んだものだ。その言葉を何度もくり返し聞かされたものだから、私などは「偶然は発見の母」なのだと信じ込んでしまったところがある。

しかし、いま思えば、それは、とんでもないミス・コンセプトであったことがひしひしとわかる。いったいどこのだれが、湯舟から湯がこぼれたぶん自分の身体が軽くなっただけで「これは、浮力だ!」と思い、リンゴの実が木から落ちただけで「これは、万有引力だ!」と気づき、ビーカーのなかで光る物質があっただけで「新発見の物質かもしれない!」とひらめくことができるというのだろうか?

そう、これらの発見は、けっして偶然の産物などではない。アルキメデス、ニュートン、キュリー夫人が、常日頃から、体積とは何か? 物理現象の基本とは何か? 新しい物質とは何か? ということを休まずに考えつづけていたからこそ、発見の形になったのだ(もちろん、考えつづけたことだけがすべてではない。「これは発見だ」と気づく鋭《するど》いセンスも、かなり重要な要素に違いない)。

これは、ビジネスマンも、じゅうぶんに応用できる習慣術だ。よく、解決法がなかなか見つからない問題については、「この問題は、頭を切り替えるために、いったん忘れることにしよう」なんてことをいう。だが、それでは解決の道は見いだせない。その難問は、常に頭のどこかに置いておかなければならないのだ。あるいは、問題解決法や発想法のたぐいのビジネス書を読んでも、常に懸案《けんあん》の問題を考えつづけていないかぎり、何の解決策も見つからないはずである。

その昔、マンガ家のサトウサンペイ氏が、仲間と酒を飲んでバカ話をしていたとき、ふいにコワイ顔になって「キミ、それもらったよ。いいね、もらったよ」と叫んだことがあったそうだ。そのとき、サトウ氏は、何てこともない与太話《よたばなし》から、新聞連載の四コママンガのアイデアを「発見」したのだった。いうまでもなく、これは、サトウ氏が四六時中、マンガのネタを探そうと必死だったからである。

風呂の湯やリンゴの実のように、ヒントは意外なところからでてくる。しかし、問題を「いったん忘れて」しまっていたら、せっかくのヒントもヒントとして気づくことはできないのだ。

「オープン・クエスチョン」を自分にぶつけてみる

問題を解決するためには、自問自答してみるのも効果的だ。

自問自答——つまり、自分に質問をして自分で答えるということだが、その質問にはふたつの種類がある。

ひとつは、「道路での撮影について、警察の許可はとれたか？」「パンフレットのデザイナーは、もう決まったか？」のような質問で、これは「クローズド・クエスチョン」といわれるもの。答えがイエスかノーかのひと言で終わる質問である。

それにたいし、こちらの考え、意図、抱えている問題の解決法などを筋道立てて説明しなければならない質問がある。たとえば、「道路での撮影について、タレントの追っかけやヤジ馬を整理する警備態勢はどうするつもりなのか？」「パンフレットのデザイン素材は、人でいくのかモノでいくのか？　どういうターゲットを狙って、どういうコンセプトでいくのか？」といった質問で、こちらは、「オープン・クエスチョン」とよばれている。

たとえば、あなたに質問してくる相手が優秀であればあるほど、その質問は「クローズド」のままではすまない。かならず、「オープン」によってたたみかけてくるはずだ。頭のいいビジネスマンは、基本的に相手も有能であるという想定をする。だから、常に「オープン」に対応できる答えの用意をおこたらない。

その用意を完璧にしておくためには、自分に「オープン・クエスチョン」をぶつけてシミュレーションしてみることだ。そうすると、自分の気づかなかった思わぬ不備が発見されたりする。

また、そのシミュレーションは、質問を受ける受けないにかかわらず、自分の計画をより完璧に仕上げたり、さらには難問を解決することにも役立つ。

私の飲み友達のひとりは、浮気などをしてしまったときは、帰りのタクシーのなかで、妻との〝想定問答〟を思い描くという。

「今日は、ずいぶん遅かったのね。風邪気味とかいってたくせに、風邪は治っちゃったの？」

「あら、珍しいわね、帰ってくるなりお風呂に入るなんて。いつもは、酔っぱらって帰ってきた日は、お風呂はキャンセルなのに。今日は、どうしたの？」

いずれも、かなりの難問である。しかし、相手がスグレ者であるだけに、それくらいの難問は想定しておく必要がある。つまり、彼は、自分に「オープン・クエスチョン」をぶつけることで、浮気の隠蔽《いんぺい》という難問を解決しようとしているわけである。

行き詰まった仕事の可能性を広げる発想法

自問自答につづいて、ここでは、「問題解決のために〝書きだす〟」という習慣を紹介しよう。

たとえば、いまあなたは彼女へのホワイトデーのプレゼントを何にするかで悩んでいたとする。さすがに、下着というのはインパクトが強すぎる。三回デートしただけなので、まだまだピュアな感じを守っておきたい。といっても、なかなかひとつのモノがパッと浮かんでこない。

そこで、思いつくものを書き並べてみる。オシャレな財布、ピアス、ブレスレット、時計――。

しかし、装身具は、自分の犬に鑑札《かんさつ》をつけるみたいで気がひける。財布は使い勝手の好みが分かれるだろう。そうだ、時計ならデザインが豊富で、いくつもっていてもアクセサリーとして交換できる。しかも、実用的なモノでもあるから、相手を自分の趣味で飾るような押しつけがましさもない。

そして、時計という結論が導きだされる。そこで、人は、こんなことに気づく。結論というのは、一本だけ生えている幹《みき》を抜きとるのではなく、多くの枝から一本の枝を選びとる「選択」なのだ、と。

じつは、この発想法は、「ロジックツリー」とよばれ、結論に行き詰まったときには、大きな助けになってくれる。

たとえば、「なぜ、うちのクルマは売れないのか？」という大問題について、結論を求められたとする。その場合、あわてて結論だけを探そうとすれば、頭が真っ白になって押し黙るか、自分でも何をいっているのかわからないようなことをいいだすのが関の山だ。

そこで、結論に飛びつく前に、「うちのクルマ」についての問題点を列挙してみるのだ。すると、エンジン、内装、キャンペーン、営業、ターゲット、生産台数などの問題点と思われる項目が、ツリーの枝のように何本も並んでくるだろう。

日産を立て直したカルロス・ゴーン氏は、そうした問題点のなかから、第一に「デザイン性」を選択したという。日本のクルマは、ほとんど同型の鋳型《いがた》からつくられているため、デザインに〝遊び〟がほとんどない。そう考えたゴーン氏は、大胆なデザイン革命を推《お》し進め、起死回生《きしかいせい》の「マーチ」を生みだすもとをつくったのだ。

結論は15分で出すクセをつけよ

結論とは、つまるところ選択である。だとすれば、一通りの選択肢が並んでいさえすれば、結論をだすのに、それほどの時間はいらないはずだ。とにかく、どれかを選ばなくてはならない。それが、結論をだす、ということである。

裏を返せば、結論をだすのに時間がかかるのは、居酒屋に書き込まれたメニューのなかから何も選べずに迷っているようなものだ。

堀場製作所の堀場雅夫所長は、常に結論を一五分でだすことを心がけているという。

なぜ、「一五分」なのか？　その時間は、堀場氏が、東京出張で得た経験則から導かれたものだった。

堀場氏は、東京都内で仕事をする際には、いつも渋滞を避けるために地下鉄を利用する。その移動時間は、どこからどこへいくのにも、だいたい一五分前後。したがって、先方とのミーティングにそなえて結論をまとめておく時間が、一五分というわけである。

といっても、その一五分間でゼロから考え始めるのではない。これから会う相手とのミーティングに含まれる問題・課題は、それ以前に考えつくしてある。それをもとにして導きだされた選択肢のなかから何を選ぶかを、一五分で決めてしまうのである。

選択肢をそろえたら
結論には時間をかけない

ただし、こちらの結論にたいし、相手がどうでてくるかはわからない。そこで、堀場氏は、相手の出方に応じた結論のヴァリエーションもおこたりなく用意する。つまり、堀場氏のすすめる一五分の即断も、見えないところで懸命に水をかく〝アヒルの水かき〟あっての即断ということになる。

ところで、京都の本拠地における堀場氏は、地下鉄を使って盛んに移動するということはない。なまじ時間があるため、長時間考えこみ、かえって結論がでなくなるという。

ちなみに、私の場合は、もっと悪い。私は、結論をだす時間がたくさんあると、考えるのがイヤになって遊びにいってしまう。〝下手《へた》の考え休むに似たり〟というから、それはそれで賢明なのかもしれないが……。

「書くこと」で、なぜ頭がクリアになるのか？

ここまでに、「考えつづける」「自分に問いかけてみる」「書きだしてみる」という、問題を解決する習慣術の三つの工程を紹介してきた。ここでは、ダメ押し的に、「書く」という行為の有効性にさらにつっこんでみよう。

宮城県知事の浅野史郎《あさのしろう》氏が自身のホームページで述べていることによれば、彼は知事であるかたわら、現在まで精力的に原稿を書きつづけてきたという。「書く」ことが浅野氏の生活の一部になったのは、昭和五〇年に在米日本大使館に赴任した際、月刊誌『市政』に「ワシントン便り」を連載してから。以来、「福祉新聞」「みやぎ県政だより」での連載をもつなど、浅野氏は、一時も原稿執筆を中断したことはないという。

そのいっぽう、浅野氏は、毎朝のジョギングも欠かさないという。ジョギングは楽しい趣味だが、毎日の日課という点では、習慣に近い。その意味では、「私にとって書くことは、ジョギングと同様の習慣」だという。ところが、ジョギングはハイな気分になれる楽しさがあるのにたいし、原稿書きは「苦痛に近い所業」なのだ。それなのに、なぜ浅野氏は、「書く」ことをつづけるのか？　浅野氏の考えはこうだ。

「原稿書きは、苦痛をともなういっぽうで、自分の考えを言語化してまとめておくことに役立つ。知事として毎日の仕事をしていくうえで、常に立ち止まって自分の考えをまとめておくことは必要である」

この考えは、ビジネスマンも大いに学ぶべきところがある。自分は、どういう目標を立てて、それを実現するためにどういう方針を描いて仕事をしているのか？　そうした基本姿勢は、ほとんどのビジネスマンのなかでハッキリとした言葉になっていない。

だが、「書く」ことによって、それは明確な言葉になってくる。というよりも、「書く」ことによって初めて、自分のポリシーが何であるかを知ることができるといったほうがいいかもしれない。アイデアの先駆者を目指すのか、抜け目なく二匹目のドジョウ狙いをするのか、高品質を目指したいのか、なりふりかまわぬ商売を目指したいのか、そうしたポリシーが、言語化によってクリアになってくるわけだ。

仕事ができるビジネスマンは、だれもが、自分のポリシーが何であるかを認識している。自分の目標と方針がハッキリと見えているからこそ、〝芸風〟ともいうべき彼ら独特の仕事の進め方が生まれてくるのである。

わからない時は「他人の頭」を活用する

高校時代、数学のできる生徒は、わからないことがあると授業が終わるやいなや、教室で教師をつかまえて質問していた。それを、どこかで恥ずかしいと思っていた私は、いつのまにか数学が落ちこぼれてしまった……。

考えてみれば、「わからないことは、わかっている人間にたずねる」のが、問題解決のもっとも手っとり早い方法だろう。パソコンにしても、わからないことは分厚いマニュアル書を読むより、わかっている人間にたずねるほうが、すぐに了解できてしまえる。〝あらまほしきは先達《せんだつ》なり〟である。

ビジネス社会では、「わからないことは何でも聞く」のは、新入社員の特権だが、ある程度のベテランになっても、わからないことは大いに〝他人の頭〟を利用したほうがいい。まったく新しいプロジェクトを始める場合など、それまでの自分の経験だけではわからないことは、〝わかる先達〟にたずねること。それを恥とは考えないことである。

さらに、新入社員の場合、「教えてもらう」ことには、大きな副産物がある。それは、先輩のなかで、だれが部下を大事にするか、だれが教え上手かの見当がつけられることだ。部下を大切にし、かつ自分の仕事をわかりやすく説明できる人間は、デキる人間と思って間違いない。同じ部署でも他部署でも、デキる人間を見つけておくことが、自分の仕事をスムーズに進めていくうえでの最大の決め手となるのだ。

昔の会社では〝全方位《ぜんほうい》等距離外交〟ふうの社員がサラリーマンの鑑《かがみ》とされたものだが、いまどきでは、だれとでもうまくやる調子のよさは必要ない。むしろ、自分にとって役に立つ人間だけにアプローチするクールさが必要になる。会社の側が、家族主義を捨ててクールを徹底している現代では、クールになりきることに遠慮はいらないのだ。

自分に教えを請《こ》う部下をカワイイと思わない人間は、まずいない。さらに、積極的に教えを授《さず》かっているうちに、おのずと相手との心のキズナが生まれる。つまり、デキる人間を見定めつつ、その人間とパイプをつくる一石二鳥にもなるわけだ。

このあたりの事情、べつにあなたが部下でなくとも、まったく同じはずである。

「失敗」した時、本当に賢い人はこうする

もう一つ新人向けの話をしておこう。ビジネス社会には「勉強料」という言葉がある。大きな失敗をやらかしたときは、そこから大きな教訓を得ることになる。そこで、失敗によって自分が受けるダメージを、教訓を得るための「勉強料」とよぶ。

ダメージを受けても、居直《いなお》っていたり、必要以上に落ち込んでいたりしては何も学ぶことはできない。冷静かつ懸命に失敗の原因を分析してこそ、つぎに問題に直面したときの解決法を見つけることができる。「勉強料」というのは、そういう意味でもある。

私がよく知っている某雑誌編集者は、一度、実売八〇パーセントなのに赤字という雑誌をつくってしまったことがあった。八〇パーセントといえば、ほぼ完売を意味する。それでも赤字になったのは、経費がかさみすぎたためだった。

完売で赤字というのは、売れ行きが悪くて赤字をだす以上の大ミスであり大恥である。以後、彼は、それを深く反省して、予算管理法を徹底的に研究した。おかげで、いま、彼は、安い・うまい・早いのデザイナー、ライター、バイク便を熟知する〝社内人材派遣屋〟みたいな立場になっている。

それはともかく、新人にかぎらず、失敗したときは、かならずその原因を分析するクセをつけることだ。頭のいいビジネスマンは、失敗しても切り替えが早いものだが、頭や気持ちを切り替える前に、かならず失敗の原因を分析している。もし、そう見えないとしたら、凡人にはおよびもつかない速さで、失敗の原因を分析しているのである。

問題解決のための「散歩」の効用

問題解決法の最後に、もっとも優雅な習慣術を紹介しよう。それは、「歩くこと」だ。

京都の東山に、若王子神社から銀閣寺にいたる水路わきの道がある。有名な「哲学の道」である。京大教授だった哲学者・西田幾多郎《にしだきたろう》が、思索をするときの散歩にこの道を選んだことから、その名がついた。また、ドイツのハイデルベルクにも「哲学者の道」とよばれる道がある。静かに流れるネッカー河に沿うその道は、哲学者のヘーゲルが好んで歩いたことから、そうよばれるようになった。

なぜ、哲学者は、散歩を好むのか？　そんな問いは、いかにもナンセンスに聞こえるかもしれない。しかし、哲学者が散歩を好むのには、それなりの根拠がある。医学の父とされる古代ギリシャのヒポクラテスは、「歩くと頭が軽くなる」と同時代の人々に伝えたが、歩いて頭を揺さぶると脳の働きが活発になるという論理は、現代の脳生理学でも定説となっているのだ。

前にも紹介した野口悠紀雄氏は、その定説にあやかって、問題を解決する頭を働かせるときは、ひたすら歩くことにしているという。「頭にいろんな情報をインプットしたあとに歩くと、頭が揺さぶられることで何かの答えがアウトプットされるというイメージがある」と野口氏はいう。

机の前に座って情報を整理し、外にでて歩きながら答えを探す――この習慣術で肝心なところは、情報をたっぷりと詰め込んだあとで歩くという点だ。野口氏によれば、「カラッポの頭を揺さぶっても、何もでてこない」ので、そこを間違えないように。

ただし、会社で問題が発生したときは、それを解決しようと、「ちょっと散歩をしてきます」などと上司に報告してはならない。「こんな大問題が起こっているときに、何をノンキなことをいってるんだ！」と怒鳴られるのがオチだろうから。

さて、あなたはどっち？

❖イマイチの人は難問の答え探しを途中で諦《あきら》めるが、頭のいい人は常に考えつづけるから、意外なものでもヒントにし、答えを手に入れる。

❖イマイチの人は答えが一つしかない自問自答をして満足するが、頭のいい人は、畳みかけるように複数の自問自答をし、さらに答えも数種類ずつ用意して、難局打破をシミュレーションする。

❖イマイチの人は問題の解決法を頭の中だけで巡らせるが、頭のいい人は、すべての問題点や答えを書きだして整理しながら考える。

✣イマイチの人は長時間考え、けっきょく大した答えがでないが、頭のいい人は、たとえば一五分で結論をだすなど、短時間での回答を心がける。

✣イマイチの人は、たとえば仕事の目標など、すべてにおいて頭の中だけで考えるが、頭のいい人は、とにかく頭の中のことを書きだすことが習慣になっている。

✣イマイチの人はわからないことをたずねるのにプライドが邪魔するが、頭のいい人は、わからないことは、わかる人にすぐに聞く。さらに、だれが的確な答えをもっているかもよく心得ている。

✣イマイチの人は失敗したときに、居直ったり、落ち込んだり、無理に忘れようとするが、頭のいい人は、失敗の原因をとことん考えた後、サッと気持ちを切り替える。

✣イマイチの人は問題解決を机の前で考え、頭のいい人は、さまざまな情報をインプットしたあと、歩きながら考える。

6

●「自分の限界」がチラつくあなたへ——

頭をサビさせない創造習慣のススメ

専門バカと、実は使える「マルチな二流」

タレントの長嶋一茂《ながしまかずしげ》氏は、みずからに「二流」のレッテルを貼《は》る本を書いて話題をよんだ。たしかに、プロ野球選手時代の一茂氏は、お世辞《せじ》にも一流とはいえなかった。また、タレントになったあとも、NHKの人物ドキュメントの司会、民放のバラエティーのコメンテーター、俳優などでマルチな活躍をしているが、失礼ながらいずれもプロ級の鮮やかさとはいいがたい。

しかし、不思議と、彼はテレビの世界から消えない。それどころか、テレビで彼の顔を見る頻度《ひんど》は高まっていくいっぽうである。いつも地のまま、いつもシロウトというところが、かえって一部分だけがトンガらない応用範囲の広さを生んでいるのだろうか。

一茂氏を見ていると、すべてにおいて二流というのは、案外、便利なものだと痛感させられるが、どうやらこれは、ビジネスの世界でもいえるのではないか。

たとえば、精神科医の和田秀樹氏は、「ビジネスマンは、マルチな二流であるべし」と提言している。ひとつの分野で頂点をきわめるよりは、二、三の分野でそこそこの知識なり技術を磨《みが》くほうが、はるかにやさしく、応用がきくからだ。

イチロー、佐々木、松井になるためには、求道的な努力と天賦《てんぷ》の才が絶対条件となる。しかし、一茂路線なら、キャラクターに恵まれてさえいれば、だれにでもチャンスがありそうに思える。げんに、いまのうちから、引退後に〝第二の一茂〟になることを狙っているように思えてならないプロ野球選手もすくなくない。

さらに、和田氏は、ひとつのジャンルにだけこだわると、かえって独創性の芽をつむことになりかねないとも指摘している。理由は、ふたつ以上のジャンルにわたって、そこそこ勉強し、能力を身につけておくと、それが結びつき、意外な発見をもたらすことが多いからである。

また、能力とは関係ないが、一分野だけがトガッたビジネスマンというのは、それはそれで、人の組織においては不利な面があったりもする。私が知っている中堅ビジネスマンに、超一流のコンピュータの使い手、語学の使い手がいるが、ふたりとも出世では遅れている。彼らの同僚で出世しているのは、技術操作よりも人間操作が得意なタイプだ。

頭のいいビジネスマンというのは、「モチはモチ屋」の原則を心得ていて、パソコンや語学などの一流技術は専門家にまかせておけばいいと割り切っていたりする。彼らが目指しているのは、あくまでも交渉のプロであり、組織のプロであるからだ。つまり、一分野だけを懸命に磨いていると、彼らのような組織のプロに使われる立場になりかねないのである。

発想法までマニュアルに頼るから頭が萎《な》える

〝マルチな二流〟でいこう、というのは、かなり新鮮な発想といえるはずである。頭をサビさせないためには、こうした型にはまらない発想を抱きつづけることが大切だが、この世には、刺激語法、連想法、イメージ・カタログ法、瞑想《めいそう》法、旅行発想法など、既成のマニュアル的な発想法があふれ返っている。

しかし、前出の野口悠紀雄氏は、自分はけっしてマニュアル的発想法に頼ろうとは思わない、と断言したうえで、こういっている。

「私が身近で知っている方々には、優れた業績を上げた人がたくさんいるが、彼らのだれひとりとして、マニュアル的発想法を使っている人はいない」

たとえば、ある発想法には「他人のアイデアを批判せず、そのよいところだけに目を向ける」とのルールが定められている。もし、このルールをまともに信じて実践すると、批評眼によって磨かれるロジックは封じられることになってしまう。

しかし、そんなことよりも、野口氏がもっとも疑問を抱くのは、自然発生的なものであるはずの発想をマニュアルによってルール化してしまう点にある。

そもそも、何によって何を発想するかは、人によってまちまちである。水泳のストロークやゴルフのスウィングに基本の型はあっても、発想法には定型はない。美術館の絵を見てクルマのデザインを発想せよと教えられたとしても、絵からは何も感じられない人もいる。もし、その人が、音楽を聞いていると何かのデザインが浮かぶというのなら、だれもそれを間違っているとはいえないのだ。

発想法は、その人独自の感覚にまかせるしかない。それでも、野口氏によれば、だれにでも通用する基本的な習慣術はあるという。それは、発想の前提となる情報や知識を集めること。インプットがあってこそ、アウトプットがあるというわけで、野口氏にいわせれば、マニュアル的な発想法をいくら勉強しても、情報・知識のインプットがなければ、何も生みだせない。裏を返せば、専門の知識・情報を頭に詰め込んでありさえすれば、散歩からでも温泉旅行からでも、発想はアウトプットされるというわけである。

既存の分類やレッテルを信じるとバカをみる?!

マニュアルに頼っての発想と同様、「分類」「レッテル」にしたがって物事の価値を判断することも、頭をサビさせるもとになる。

たとえば、フリーライターには文学部出身の人間が多いが、だからといって、そのライターが物理学や数学に関する原稿がまったく書けないとはかぎらない。しかし、その点がなかなか理解できない編集者はけっこういて、「文系出身の人には、さすがに数学ゲームの企画はお願いできない」などといわれることがある。

その編集者氏は、何かと「分類」を信じるタチで、数学ものといったら、理科系のライターが書いて理科系の人が読むものと思い込んでいる。だから、彼は、編集者のくせに、ポピュラーサイエンスというヒットゾーンが厳然とあることにまったく意識が向かない。かつてベストセラーとなった『子どもにウケる科学手品77』などは、カンタン料理のレシピのように書かれた万人向けの科学ものである。もし、これが「理科系向け」のスタンスで書かれていたら、五〇〇〇部も売れなかったはずである。

また、某出版社には、レッテルを信じたせいで、あまりにも大きな魚を逃してしまった秘密の過去がある。その出版社の編集者が、「面白い小説を書く新人女性小説家」を発見して、その女性作家の小説を出版することを社長に直談《じかだん》判《ぱん》した。が、社長は、「なんだ、無名じゃないか。無名じゃ、どうしようもない」とまったく取り合わなかったため、くだんの編集者は涙をのんで出版を断念した。

その女性作家とは、ほかならぬ、のちに大ヒットメーカーとなった吉本ばなな氏だった。

このように、「分類」「レッテル」による判断におぶさって、自分独自の判断を働かせることをなまけていると、けっきょくは大きな損失を生むことになる。その損失の大きさは、じっさい、計り知れないものがあるのだ。

こういうと、彼ら「分類」派、「レッテル」派は、こんなふうに弁明することだろう。「いや、損失などはしていない。

分類、レッテルに頼らずに
自分独自の判断を

たまたま得をしなかっただけだ。売れないと思われる本に勝負をかけてソンをするよりは、トクをしないほうがいい」。

しかし、この不況下では、大胆な勝負にでて起死回生を狙ってこそサバイバルできるはず。ぜひとも、彼らを反面教師として、分類、レッテルを疑ってかかる習慣を身につけていただきたいものである。

最初は「他人のマネ」でも、よしとする

頭をサビさせないための発想法について紹介してきたが、何がなんでも自分の発想によって無から有を生みだそうと意地を張る必要はない。頭のいい人は、むしろ、絶えず周囲をうかがい、盗むべき技、盗むべきアイデアに目を光らせている。プロセスは〝人マネ〟でも、結果が新しいものであれば、それは立派な「創造」なのだ。

「剽窃《ひょうせつ》」にたいし、「換骨奪胎《かんこつだったい》」という言葉がある。前者は、ズバリ盗作の意味だが、後者には「他人の詩文の形式や発想を利用し、独自の作品に作り直すこと」という意味がある。西洋では、そうやってつくられた作品は、「オマージュ(敬意、尊敬の意)」とよばれる。

たとえば、スティーヴン・スピルバーグ監督の出世作『ジョーズ』は、ヒッチコック的スリラー世界を意識したもので、スピルバーグ自身、『ジョーズ』がヒッチコック作品のオマージュであることを認めている。さらに、ジョージ・ルーカスの大ヒット・シリーズ『スター・ウォーズ』は、黒澤明の時代劇とロバート・シェークリーというSF作家が確立したスペース・オペラ（宇宙冒険活劇）をベースにしており、そのシェークリーも、発想のもとを『ロビン・フッド』から得ている。さらに、ディズニー製アニメの『ライオン・キング』が、手塚治虫《てづかおさむ》の『ジャングル大帝』に影響を受けたと思えることなど、創造における「マネ」をあげていけば、キリがないほどである。

一九七八年にノーベル化学賞を受賞したピーター・ミッチェルは、こういっている。

「一人ひとりの人間は、すべてほかの人間の肩に乗っています。だから、声高にオリジナリティーを主張するのは、間違いなのです」

ビジネスマンたちは、この言葉を肝《きも》に銘《めい》ずるべきだろう。他社で大ヒット商品がでたとしたら、それは、感心している場合でも悔しがっている場合でもない。そのヒット商品を徹底的に研究し、こうすれば売れる、となったら、臆面もなく二匹目のドジョウを狙えばいい。「カップ・ヌードル」に追随した「カップ・スター」や「ホット・ヌードル」は、強い商品力を保ってロングセラーとなっている。いつでもどこでもヨソのアイデアに目を光らせる習慣が、そうした〝マネの勝ち組〟を生みだすのだ。

「アイデアがある人」とない人のわずかな差とは

いかにさまざまな習慣術を駆使《くし》しても、アイデアは、そう簡単に生まれてくるものではない。どうしてもアイデアを生みだせないとき、人は、方法ではなく自分に欠陥があると思いがちだ。しかし、そう思ってしまったら最後、いつかはでるはずの名アイデアも、永久にでなくなってしまう。そのことを雄弁に物語るエピソードがある。

アメリカの某出版社の社長が、心理学者に社員の心理カウンセリングを依頼した。アメリカでは、会社主導の心理カウンセリングは日常茶飯だから、社員たちは、何の疑いもなくカウンセリングに応じた。だが、社長には、社員には告げていないもくろみがあった。それは、「わが社の社員一人ひとりの創造性を調査する」というものだった。社長は、自社の社員の創造性に不安を抱いて、そのユニークな心理調査を依頼したのだ。

はたして、一年間にわたって社員一人ひとりの心理調査を行なった心理学者は、じつに興味深い報告を社長に提出した。

「創造性のある社員と創造性のない社員は、半々だった。だが、その両者を分けるのは、けっして先天的な能力ではなく、きわめてささいなことだ。創造性のある社員は、自分を創造的だと思っており、創造性のない社員は、自分を創造的でないと思っている。その違いがあるだけだった」

大きな救いがあるように思えるこの報告だが、裏を返せば、きわめてシビアな指摘を突きつけている。それは、自分にアイデアがないと思ってしまったら、それだけで、ほんとうにアイデアのない人になってしまうということだ。自分にアイデアがないと思っている人は、概して、アイデアというものを空前の大発明だと思っている傾向がある。だからこそ、何も導きだせないでいるのだ。

そんな人は、ストローを真ん中から折れるようにしたアイデアや、ピザを即配にしてみたアイデアを思い浮かべてみてほしい。ほんのちょっとしたヒネリ、それがアイデアなのだ。壮大なことを考えたりせず、つまらない小さなことに目を向ければ、にわかにアイデアの道が開けてくるだろう。そのためには、心理学者の報告にあったように、まずは自分にはアイデアがあると思うこと。そう思いさえすれば、あなたもいつかアイデアマンに大変身することができるのだ。

「プラス思考」がいいというこれだけの根拠

自分にはアイデアがあると思えば、それだけでアイデアマンになれる——。これは、明らかに「プラス思考」といっていい。「プラス思考」の効果は、じつは最先端の脳科学によっても裏づけられている。

「プラス思考」というのは、ひと口にいえば「絶対にイケる」と信じこむことだ。それは、一種の麻薬的快感をともなう興奮状態を生みだす。その状態は、脳科学的には、脳波がα波（リラックスしているときに出る脳波）になっており、脳内ではβエンドルフィン（快感をもたらす物質）が分泌されている。さらに、その状態では、A10神経が刺激されて記憶力もアップしている。

また、「プラス思考」を保ったまま仕事をつづけると、海馬《かいば》における電気刺激が盛んになることによってタンパク質が合成され、神経細胞の結合が強固になる。つまり、筋トレによって筋肉が鍛えられるように脳が鍛え上げられるのだ。

逆転ホームランやタイムリーを放った選手が、ヒーロー・インタビューで「絶対に打てると思って打席に入りました」とコメントすることがある。ふつうに聞いていると、たんなるプラスイメージの効果に思えるが、じつは、あのコメントには、それ以上に深い意味がある。「打てる」と信じることによって、彼らの脳が活性化し、全身の運動能力をふだん以上に高めているのだ。運動能力を生む基地は、いうまでもなく脳である。だからこそ、打てると信じた打者は、むずかしい球をとらえることができ、かつ強くたたくことができる。よって、〝芯《しん》でとらえた会心の当たり〟でなくとも、ボールは内野を越え、あるいはフェンスを越えることもある。

このように、ビジネスマンも、常に「プラス思考」をする習慣を身につけるだけで、越えられなかった壁をすこしずつ越えられるようになる。

ただし、「プラス思考」は「楽観論」とは違うので、そのへんは誤解のないように。「楽観論」は、現実の危機に気づいていないか、気づいていても目をそむけるかの逃避をベースにしている。それは、現実を認識できないアマチュアリズムにほかならない。危機を認識する知識と強さを前提にしたうえで、「プラス思考」を採用する。それが、プロのビジネスマンというものだろう。

「自分は頭がいい」と思った時点で成長は止まる

自分にはアイデアがあると信じるのは、いい。絶対にイケると信じるのも、いい。だが、「自分は頭がいい」と思い込むのは、けっしていいことではない。その違いが何であるかについて、昭和初期の物理学者・寺田寅彦《てらだとらひこ》は、こんな言葉を残している。

「科学者は、たしかに頭がよくなくてはならない。が、そのいっぽう、科学者は頭が悪くなくてはならない、というのも真実である。頭のいい人とは、いわば足の速い旅人のようなものだ。頭の力を過信するあまり、物事を簡単に見抜こうとしてしまうのだ。たとえば、富士山が何であるかは、山頂に達するプロセスを一歩一歩踏みしめてみないとわからない。だが、頭のいい人は、すそ野から山頂を眺めただけで、富士山の全体をとらえたと過信する」

さらに寺田寅彦は、自分の頭を過信する科学者は、自分の学説と自然界の現実が食い違うと、「これは、自然のほうが間違っている」というゴーマンな考え方をしかねないともいっている。

つまり、「自分は頭がいい」と思い込んでいるビジネスマンは、自分の企画が通らなければ、「会社のトップは、みんなバカだ」と考え、自分が開発した商品が売れなければ、「世の中の消費者は、みな無知蒙昧《むちもうまい》だ」と考えることになるわけだ。そんなゴーマンをかましているかぎり、彼の立てた企画は永遠に通らないし、彼の開発した商品は永遠に売れないはずである。

精神科医の和田秀樹氏も、「自分のことを頭がいいと思った時点で発達が止まる」といっている。自分の賢さを過信して、いっさいの努力をやめ、人の話を聞かなくなる。そういう人間を、和田氏は何人も見てきた。たとえば、助教授時代には外国の文献を根気よくあさり、常に考察の力を磨いていた人間が、教授に昇進したのを境にパタリと勉強しなくなり、根拠のない思いつきを自説とするようになってしまう。

和田氏にいわせれば、そうした人間は、自分じたいが権威であり、自分の語ることが真実だと思い込み、もはや何も学ぶ必要がないのだとカン違いしているということになる。

「自分にはアイデアがある」と思うことと「自分は頭がいい」と思うことには、天と地ほどの違いがある。〝カン違い人間〟にならないためには、「自分は頭がいい」と思わない心の習慣が必要だろう。

多くの人がせっかくのアイデアを垂れ流している

アイデアは、いつどこでひらめくかわからない。たとえば、通勤電車のなかで、これはと思う商品のネーミングが浮かんだとする。その場合は、車内から会社のデスクまで、頭のなかでその名前を唱えつづけていればいい。しかし、仕事先とのミーティングの前にひらめいたような場合は、その名前を頭のなかで唱えながらミーティングをすることはできない。

したがって、アイデアを思いついたら、すぐに手帳にメモをとる習慣をつけておくのは、知的な作業をしている人にとっては、半ば常識になっている。

では、短いネーミングではなく、ちょっと長めのコンセプトだったらどうするか？

もちろん、これもメモをとるしかないが、じっくりと書いている時間があるとはかぎらない。そんなときは、単語だけでも列挙しておくことだ。その際、漢字は画数が多くなるから、ひらがなで表す。くるま→こがた→たくさんのれる→よんく→かわいい→からふる、というぐあいである。

人にもよるだろうが、私の感覚だと、カタカナよりもひらがなのほうがいい。いつだったか原稿を書いているときに、ふと「遊民」というキーワードを思いついて、「ユーミン」とカタカナでメモしたことがある。その後、メモのことをすっかり忘れてしまったのだが、数日後に手帳をめくっていたら、その言葉が目に飛び込んできた。が、何のことだか、さっぱりわからない。「おれは、ユーミンの歌は嫌いじゃないけど、いったい、ユーミンがどうしたんだろう……」。けっきょく、ユーミンが「遊民」のことだと思い出したのは、その原稿を入稿し終わったあとだった。つまり、カタカナは、目に飛び込んだ瞬間にべつの言葉に化けやすいのである。

また、こうしたメモは、簡単には捨ててしまわないほうがいい。

たとえば、あるノーベル賞学者は、散歩中にひらめいたことを歩きながらメモするという習慣があった。しかし、家に帰ってその紙切れを見ると、歩きながら書いた字なので、何が書いてあるかわからないことが多い。それでも、彼はその紙切れを箱に入れてとっておいた。

それから何年かして、いつものように散歩中にメモをとったところ、このときは文字がはっきりと読めた。メモをしまった箱のなかをあさってみると、よくは読めないが似たような文字が書かれたメモがあった。そして、このとき、彼は昔のメモを解読したと同時に、研究の大きなヒントをつかむことになった。

自分は、昔から同じようなことを考えていたのだから、この発想は、自分がつくりあげようとしている体系のカギになるものに違いない——そう気がついた彼は、それから研究に没頭、ノーベル賞の受賞理由になる大発見をしたという。

このように、たった一枚のメモから、人生を決定づける収穫が得られることもある。恐れるべしメモ、である。

「記憶力が衰えた」と感じたらこの習慣〈その1〉

発想や言葉をメモするのと同様に、気になるデザインやフォルム(型)を見つけたときは、視覚に焼き付けるだけでなく、図に描《か》いたほうがいい。人は、耳で聞いた言葉よりも目で見た形のほうが鮮烈に記憶されると思い込んでいる。ところが、それを絵で描いてみようとすると、なかなか正確には描けないのだ。

昔、ダウンタウンがホストをつとめる深夜番組に、記憶だけを頼りにオバQやウルトラマンの絵を描かせるコーナーがあった。ゲームの参加者となった漫才師たちは、「なんだ、カンタンじゃないの」とばかり、自信満々で描き始める。彼らの頭には、おなじみのオバQの姿が浮かんでいる。ところが、いざそれを描こうとすると、その姿がぼやけていってしまうのだ。「毛が三本」というのは、歌詞にあるからだれでも描ける。しかし、唇、足がどうなっていたのかが思い出せない。頭のなかに浮かんでいるはずなのに、どうしても、それをひっぱりだすことができないのだ。

脳科学には、こういう実験例がある。やや複雑な図を被験者に見せて、一時間後にその図を描かせる。見て憶《おぼ》えたつもりになっていた被験者は、なかなか正確に再現することができない。

そこで、今度は、見せるだけではなく、いったん図を描かせたうえで、一時間後にもう一度描かせる。すると、図の再現の正確性は格段にアップする。一六歳未満の若い被験者は、見て憶える場合と描いて憶える場合にさほどの違いはないが、三〇歳を超えた被験者では、描いて憶えると飛躍的に成績が向上するという。

その理由は、子どもにくらべて、大人は、モノを見るときに感じる刺激や驚きがすくないためとされている。刺激と驚きが、見たモノを脳に貼りつける〝接着剤〟になっているのだ。ということは、三〇を超えたビジネスマン諸氏は、なおさら図に描いて憶える必要があるというわけだ。

ちなみに、私は、とうの昔に三〇を超えているが、いまでも正確にオバQの絵を描くことができる。なぜなら、『オバケのQ太郎』をリアルタイムで見ていた世代の私は、当時からオバQの大ファンであり、しょっちゅうその絵を描いていたからだ。それもまた、「図に描いて憶えれば忘れない」ことの証明といえるだろう。

「子ども力」が偉大なる発想の源になる

大人は、見たモノを図に描かないと忘れてしまうが、子どもは、見ただけで記憶することができる。子どもは、見たモノから強い印象を受ける感性が豊富だからだ。いいかえれば、子どもは、物事を不思議に思い、疑問に思う好奇心が旺盛だということである。

松下電器の創業者・松下幸之助《まつしたこうのすけ》は、社員たちと外を歩くたびに、目につく建物や変わった服を見ては、「あれは何や?」「これは何や?」と質問を浴びせて社員たちを困らせたという。

松下氏は、大人になっても、「子どもの目でモノを見る」力を失わなかったわけで、そんな〝老人力〟ならぬ〝子ども力〟が、彼のたくましいアイデアの源になっていたことは想像に難《かた》くない。

なぜだろう、何だろうという好奇心。それは、企画や商品を生む精霊《せいれい》となる。

たとえば日本で初めてのパンストの開発は、「男性はモモヒキをはくのに、どうして女性ははかないのだろう」という、ひとりのビジネスマンの素朴な疑問から始まったという。女性は、ストッキングがずり落ちるたびに、物陰でスカートをめくって引っぱり上げている。男のようにモモヒキをはいてしまえば、そんな面倒はないのに……。また、当時、物陰でのストッキング調整は痴漢に襲われる機会にもなったので、女性たちは、二重の意味でストッキングがずり落ちることを心底イヤがっていた。

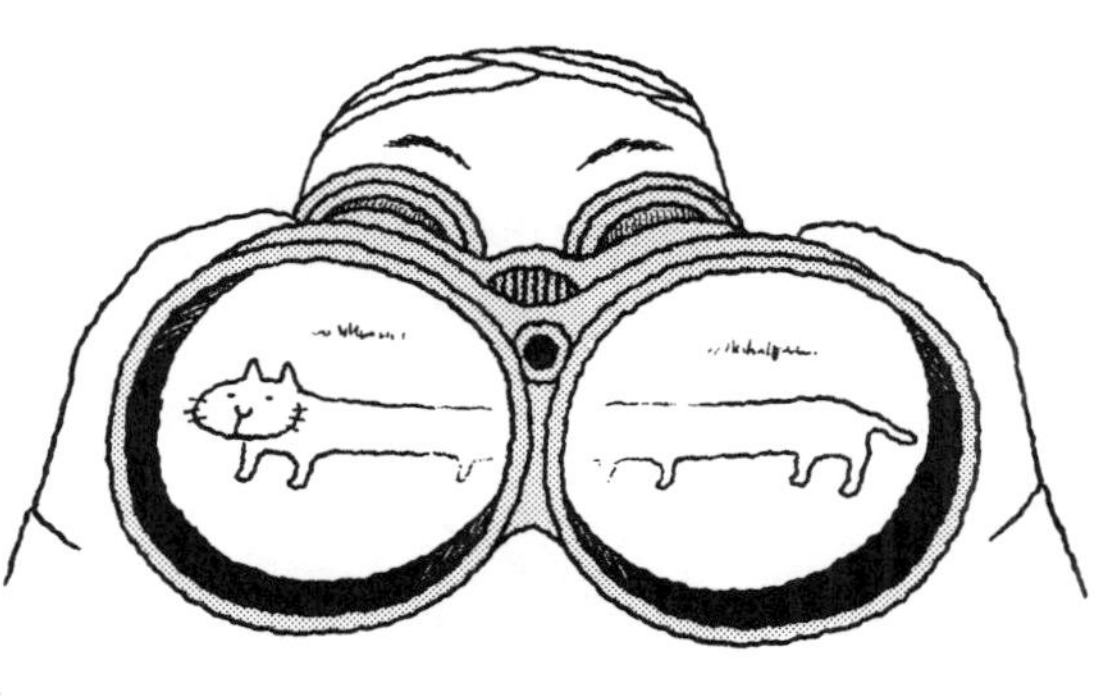

子どものような好奇心で
世の中を眺めてみる

はたして、日本で初めて売られたパンストは飛ぶように売れて、一年のうちにストッキングを駆逐《くちく》してしまった。

当時、パンストを買った女性たちは、アンケートの調査にこう答えている。たしかにモモヒキをはくみたいな抵抗感はあったけれど、ずり落ちないという実用性には捨てがたいものがあったわね――。開発者の読みが、ピタリとあたったのだ。これは、子どもじみた素朴な疑問がビッグビジネスを生んだ好例である。

頭のいいビジネスマンは、大人の目を子どもの目に切り替えてモノを見る習慣を身につけている。それを見習って、これから見るモノ、すでに見てしまったモノを、あらためて子どもの目で観察してみることだ。きっと、意外な発見が得られるに違いない。

「年寄りくさい考え」は頭がサビる最大の原因

頭をサビさせる最大の要因。それは、新鮮な好奇心を抱きつづけることができずに、心が老いてしまうことかもしれない。

年をとるにつれて体力、記憶力が低下するのはだれもが知っていることだが、〝感情の力〟

が低下することはあまり知られていない。だが、「感情の老化」というのは、確実にある。それは、人によっては、身体と脳の能力低下に先んじて二〇代後半からやってくる。しかも、〝感情の老化〟は、身体と脳の老化を促進する元凶にもなる。その意味で、〝感情の老化〟は、もっとも深刻な老化ということもできる。トーマス・マンの『魔の山』には、情熱が衰えたことを悔やんで自殺してしまう男が登場するが、その男が〝感情の老化〟にたいして抱いた深刻さは、けっして大げさなものではないのだ。

たとえば、出世レースに遅れ、本線の仕事をはずされてしまったような場合、三〇代半ばにして、「もう、何をやってもダメなんだ」と思ってしまうビジネスマンがいる。それが、「感情の老化」の始まりである。

それが始まると、爆笑コメディーを見ても笑わなくなり、ひいきの野球チームが奇跡的な逆転勝ちを収めても興奮を覚えなくなる。脳科学的にいえば、それは、「プラス思考」の項目で話したように、βエンドルフィンの分泌が止まり、海馬における刺激がなくなって、ニューロン（神経細胞）がもろくなっていることを意味する。それによって脳の力が衰《おとろ》えれば、おのずと体力も低下するという悪循環になるわけだ。

それでは、「感情の老化」を防止するには、どんな習慣を心がけたらいいのだろうか？

一説には「飲む、打つ、買う」が、若さの秘訣だという。自分は、いま、ちょっとイケナイことをしているという良心の痛みが、老け込んだ感情を若返らせる刺激になるというわけだ。

まあ〝不良老人〟を目指すのも大いにけっこうだとは思うが、本書は、現役バリバリのビジネスマンのための本である。とくに若いビジネスマンの場合は、酒とギャンブルと女に走ったりすれば、なおさらデカダンな気分になって老化してしまいかねない。

そこでひとつの提案。私は、「ああ、ちょっと気持ちが老け込んできたな」と感じたときは、若いころに好きだった映画を見たり小説を読んだりすることにしている。昔好きだった映画や小説は、いつになっても否定したくない。そんな気持ちが手伝って、昔の自分になったつもりで、昔に味わったと同じ興奮や感動を覚えることができてしまう。一種のダマシだが、その興奮や感動は、けっしてニセモノではないと思っている。

「記憶力が衰えた」と感じたらこの習慣〈その2〉

感情の老化につづいて起こるのが、記憶力の老化だ。これも、意外に早くやってくる。

人は、子どものころに知ったことをいつまでも憶えているが、大人になってから知ったことはすぐに忘れてしまう。それは、記憶力というものが、一〇代の終わりを境に急激に衰えることの証拠にほかならない。したがって、三〇代、四〇代になったら、もはや記憶力の低下にショックを覚えている場合ではない。記憶力はすでに低下したものと受け入れたうえで、それをおぎなう習慣術を身につけなければならないのだ。

そのためのひとつの方法に、もし、これは憶えておきたい、とか、この論証は使える、とか思うことがあったら、それをだれかに語って聞かせるというものがある。

人に語って伝えるという行為には、第一に「復習」の効果があり、第二には「構成」の効果がある。

人に何かを伝えるためには、ポイントを押さえて筋道立てて話さなければならない。人に伝わりやすいということは、自分も憶えやすいということだ。したがって、人に伝えることは、自分がインプットしておくのに便利な構成に組み替えられる効果がある。アメリカの医大では、「学習とは、観察すること、やってみること、そしてだれかに教えることから成り立っている」と学生たちに教えているほどである。

討論番組でおなじみの舛添要一《ますぞえよういち》氏は、東大助手だったとき、フランス政府留学生試験に合格して、フランスに渡ることになった。そこで、それまでの語学力では何かと困るぞ、と思った舛添氏は、アテネフランセ（フランス語学校）に自分を講師として雇うよう売り込んだ。そして、アテネフランセの生徒にフランス語を教えることによって、自分のフランス語力を急速にアップさせたという。

人に伝えたり教えたりすることは、ひとつの体験である。そのような体験を通して記憶することを「エピソード記憶」というが、三〇歳、いや二〇歳を超えたら、記憶には、そうしたフォローが必要なのだ。

自分に対する「批判」は大いに利用せよ

頭をサビさせないためには、「他人とどうかかわるか」も大切である。

たとえば、コラムニストの轡田《くつわだ》隆史《たかふみ》氏は、朝日新聞で『素粒子』というコラムを書いていた当時、毎日のように批判の矢を浴びたという。彼のもとに送られてくる投書には、ハガキの真ん中に「バカヤロー」と書いただけのものもあれば、ゾッとするような過激な批判もあった。最初のうちは、それらにいちいち腹を立てていた轡田氏だったが、年数を経《へ》るにつれて「なるほど」という気持ちをもつようになった。じっさい、投書に書かれた批判のうち、二割は、大いに参考になる意見だった。彼は、こうした批判の優れたところを積極的に探して、むしろ自分の考え方を高めるなど、利用するようにもなったという。

批判を受ける受動的立場から、批判を〝利用〟する能動的立場へ――。轡田氏は、長年のコラムニスト生活で、その習慣術を身につけたのだ。

彼は、「批判は、一種の敬意の表明」として、江戸時代の儒学者・荻生《おぎゅう》徂徠《そらい》と伊藤仁斎《いとうじんさい》の例をひきだす。徂徠は、ときおり、ほかの学者の説を痛烈に批判したが、なかでもヤリ玉にあげて徹底的に痛めつけたのが伊藤仁斎だった。しかし、轡田氏は、徂徠の批判は、仁斎の説への強い関心と敬意の表れにほかならないといっている。

また、評論の神様といわれた小林秀雄《こばやしひでお》は、彼のもとに集まる若手の文学者たちに、痛烈な批判を加えたことで知られる。なかには、小林に批判されて泣きだす者もいたといわれるほどだが、そのなかから、作家の中村光夫《なかむらみつお》氏や隆慶一郎《りゅうけいいちろう》氏、音楽評論家の吉田秀和《よしだひでかず》氏などの逸材が育っていったことはあまりにも有名である。

批判をときに利用し、飛躍へのバネにする。そういう柔軟さがあれば、頭というものはけっしてサビないはずである。

「好き・嫌い」の感情は仕事にこう活かす

「批判」は、いうまでもなく主観と感情の産物である。ということは、それを受け入れる自分も、主観的であり感情的であっていい。

轡田氏は「好き、嫌いがあるのは自然なことで、あったほうがいいくらいだ」ともいう。そして、「いちばんいけないのは、好き嫌いがあるのに、それを自覚していなかったり、冷静、客観的なふりをしたりすることだ」とつけ加える。その轡田氏は、カルチャーセンターの文章講座でも、生徒にたいして「私にも、好きな文章と嫌いな文章があるので、冷静、客観的な添削《てんさく》ができているとはかぎりません」と公言している。そうすることで、自分の生き方を再確認するのだ。

たしかに、嫌いなものがない人は、感動もないだろう。「好き」という気持ちは、「嫌い」の反対感情である。何かを強烈に嫌う感情があってこそ、何かを強烈に愛する感情が育つといえる。だから、「嫌い」と思う気持ちを、よくないものだとして自分から隠す必要などまったくない。

むしろ、自分が何を嫌いなのかをはっきりと認識することが、自分が何を好きなのかを認識することにつながるというわけだ。

何かをはっきりと認識するためには、好き、嫌いの理由を書きだしてみるといい。そうすると、自分が求めている商品のコンセプト（統一的な視点）が見えてくる。

たとえば自分は、なぜA社のビールが好きで、なぜB社のビールが嫌いなのか、あるいは、なぜC社の製品が好きで、D社の製品が嫌いなのか、を考えてみる。

自分は消費者のひとりであり、自分と同じ好みをもつ消費者の代表なのだ——そう思って好き嫌いの理由を考えてみることは、すなわち、ある層のターゲットへの研究を深めることにもなる。

好き嫌いの問題は、けっして好き嫌いだけの問題として終わらせないことである。

なぜ好きなのか
嫌いなのかを考える

パソコンやカーナビ…が脳をダメにする

きわめて要領のいい頭の鍛え方を紹介してきたあとで、最後にアナログかつアナクロ的な習慣術を紹介しよう。そのひと言でソッポを向く人もいるかもしれないので、まず、そういう人を引きつける話から入らせていただく。

マクガイアという脳科学者の研究によれば、ロンドン市内のタクシードライバーは、それ以外のロンドン市民よりも海馬《かいば》（脳にあって記憶を司る器官）の体積が多いという。その理由は、ロンドンの道路事情がきわめて複雑なことにある。つまり、ロンドンのタクシードライバーは、ロンドン市内の道を攻略するうえで常に頭を酷使している。そのため記憶を司る海馬への刺激が多く、その結果、海馬が大きくなったというわけだ。

いくら道路事情が複雑でも、カーナビがあれば、頭を使うこともないはずだが、ロンドンのタクシーには、カーナビなどついていない。おかげで、ロンドンのタクシードライバーたちの脳は、運転をするだけでメキメキと発達していくのだ。カーナビを使わずにクルマを運転する――たったそれだけのことで脳のサビ防止になるのだから、ありがたいものではないか。

アナログな習慣術のつぎは、アナクロな習慣術である。

最近は、大半の文筆家がパソコンで文章を書いている。現在、原稿を本の活字に組み直す作業は、ほとんどがデジタルのデータ処理で行なわれるので、そうでなければ困るのだが、パソコンのみを使っての執筆は、脳機能の低下をもたらす大きな要因になってもいる。いわずと知れた、漢字を使えなくなるということである。

知り合いの某ライター氏は、最近、某クラブで中国人のホステスと漢字で筆談しようとして、それを思い知らされてガク然となった。紙ナプキンに「閉店後、暇？」と書くつもりが、どうしても「暇」が書けなかったというのだ。中国人ホステスには「アナタ、それでも、ライターさん？」とケラケラ笑われ、酒で赤らんだ顔が、真っ青になる思いだったという。

かくいう私も、原稿書きはもっぱらパソコンで、漢字を忘れることはかなり前から痛感していた。さらに、パソコンで文章を書いていると、思考がどうも大雑把《おおざっぱ》になるような気もしていた。

そこで、数年前から、日記だけは手書きで書くようになった。日記といっても、その日の出来事と所感めいたものを手短に書くだけだが、それだけのことで漢字を忘れるペースが遅くなったような気はしている。

読者のみなさんも、週に一度は手書きで文章を書く習慣をつけてはいかがだろう。漢字を忘れないためだけでなく、シャープな論理力を身につけるために。

さて、あなたはどっち?

❖イマイチの人は超一流を目指し挫折するが、頭のいい人は二流のマルチを目指す。もちろん、天才は日々黙々と努力を重ね、超一流になる。

❖イマイチの人は過去の分類やレッテルを頼りに物事を判断するが、頭のいい人は、それらを疑ったうえで、大胆な判断や行動をする。

❖イマイチの人は人のマネを嫌い、ガムシャラにオリジナルを追い求めるが、頭のいい人は、最初は成功者のマネをすることに抵抗を覚えない。

❖イマイチの人は自分のアイデアは貧困だと落ち込むが、頭のいい人は「自分にはアイデアがある」といつも自分に言い聞かせている。

❖イマイチの人は「プラス思考」と「楽観論」を混同しているが、頭のいい人は、厳しい現実を認識し、それに耐える強さをもったうえでなお、プラス思考である。

❖イマイチの人はすこしの成功に「自分は頭がいい」と思うが、頭のいい人は、「自分は頭がいい」などとは考えず、常につぎの仕事や研究に前向きである。

❖イマイチの人はせっかくいい発想をしても頭の中で消化してしまうが、頭のいい人は、その場でメモをとり、偉大な発想に結実させる。

❖イマイチの人は何でも言葉で表現しようとするが、頭のいい人は、図を多用する。記憶する際も、忘れたくないときは絵にする。

❖イマイチの人は当たり前のことを当たり前のこととして受け止めるが、頭のいい人は常に「何でだろう?」「あれは何だ?」という子どものような好奇心で物事を見る。

❖イマイチの人は感情が大きく揺れなくなるのを年齢のせいにするが、頭のいい人は、「感情の老化」を非常事態として受け止め、回復に尽力する。

❖イマイチの人は年齢とともに記憶力が低下するが、頭のいい人は、忘れないように、大切なことは人に語り聞かせて覚える努力をする。

❖イマイチの人は自分への批判を嫌い、聞かぬように避けるが、頭のいい人は、積極的に耳を傾け、利用する。

❖イマイチの人は「好き嫌い」を単なる感情の問題として済ませてしまうが、頭のいい人は、好き嫌いがあるのを認めたうえで、「なぜ好きか、なぜ嫌いか」を分析する。

❖イマイチの人は手書きの文章を嫌うが、頭のいい人は、仕事に支障がでない範囲で、むしろ積極的に文章を手書きする。

7

読書習慣のススメ

もっと頭がよくなる

●教養と知性を身につけたいあなたへ――

本は「自分だけの辞書」にしてしまえ

最近、中高生による本の万引きが急増している。それが度重《たびかさ》なって倒産に追い込まれる書店も続出しているというから穏《おだ》やかではないが、本の万引きには、老人がスーパーで漬物を万引きするのとは違った事情がある。

万引きをあつかうニュース特集では、本ぐらい金を払って買えと物申す。たしかに本の値段は、戦後の物価上昇率とくらべるとけっして高くはないはずなのだが、長引く不況のせいで、世間一般には、本は高すぎて買えないという感覚があるようだ。

ある主婦から話を聞いたところでは、ほとんどの主婦は、本を買わずに図書館を利用しているという。ベストセラー小説ともなると、貸し出しの順番を待つ人は何百人という単位になるが、それでも、主婦たちは、忍耐強く順番を待つという。また、近ごろでは、やたらに書店が混み合っているが、各店主によれば、いまどき書店を訪れる客の八割は立ち読みであるとのこと。彼ら立ち読み族にとっては、本ほど高いものはないが、本の立ち読みほど安いヒマつぶしはないということらしい。

本を買うくらいの金はあるが、買うのはソン——どうやら、長期の不況は、人々をこんな気持ちにさせてしまったようなのである。

しかし、そうした事情を斟酌《しんしゃく》したとしても、本は買ったほうがいい。書誌学者の林望《はやしのぞむ》氏も、「本だけは、買って読む習慣をつけよ」と提言するひとりだ。

その提言には、林氏自身の失敗の経験がもとになっている。林氏は、仕事柄、膨大《ぼうだい》な量の本を読まなくてはならない。あるとき、江戸時代の通俗小説を紹介する仕事を依頼され、それらの作品を通読、内容を頭に入れるべくその粗筋《あらすじ》を書きとっていった。

ところが、いざ執筆にかかろうとしたとき、彼は愕然《がくぜん》となった。自分が書きとった粗筋を読んでも、その小説のことは何も覚えていないことがわかったからだ。けっきょく、粗筋をメモにとることは時間と労力のムダでしかなかった。以後、林氏は、読みたい本はもちろん、読む必要がある本は、すべて買うことにしたという。理由はもちろん、その本を買って手元に置いておけば、いつでもその本が読めるからだ。

この習慣術の根本には、「一度読んだ本は、自分の辞書」という考えが見える。どんな本にも、「なるほど、憶えておこう」と思わせられる一行かひと言かがある。その価値観は、自分独特のもので、それを蓄積していくことが、自分独特の辞書をつくることになる。

〝自分だけの辞書〟は、他人に差をつける発想の源泉にほかならない。しかし、記憶は、煙のようにうつろいやすい。ある魅力的なフレーズや論理を頭に叩き込んだつもりでいても、そんなものは三日もしないうちに忘れてしまう。だからこそ、「本は買って読む」という習慣術が必要になるのだ。

私の知っているライターで、気に入った本は一〇回以上読み、とくに気に入った一節は暗誦《あんしょう》できるようになるまで読み返す男がいる。おかしな男だと密《ひそ》かに思っていたのだが、林氏の話を聞いてからは、案外、見上げた習慣なのだと思い始めている。

こまめに書店に通えば時代が読める

いまどきは、本を買って読む人が、書店に足を運んでいるとはかぎらない。雑誌の書評、新聞で発表されるベストセラーリストを見てインターネットで注文する。または、宅配便のブック・サービスに注文する。そういう〝遠隔操作《えんかくそうさ》〟で本を買う人が、ふえている。

しかし、元NHKアナウンサーの鈴木健二氏は、「こまめに書店をのぞく習慣」を積極的にすすめる。鈴木氏のもとには、毎週のように「いま、読むべき本を数冊、紹介してほしい」という依頼が入る。だが、鈴木氏は、こうした依頼にはいっさい応じないことにしている。自分の推薦によって、読者が書店に通わなくなってしまうことを恐れるからだ。

「自分が、どんな本を読んだらいいか迷っているなら、書店にいって、棚にぎっしりと並んだ本の背表紙に書かれたタイトルを眺《なが》めることです。そうすれば、自分が買いたい本が、かならず一冊は見つかるはず」と鈴木氏はいう。

鈴木氏によれば、書店に通うほんとうの効用は、それだけではない。書店は、いわば時代を映す鏡である。たとえば、「いま、日本語が見直される時代」ということであれば、それは、棚の配置、平台のコーナー展開、キャンペーンにはっきりと表される。

また、棚に並んだ本のタイトルは、それ自体がさまざまな情報を投げかけてくれる。いま、旬な人、旬な場所、旬な語学勉強法――そのひとつが自分の目に留《と》まったら、帯に書かれたキャッチコピーに目を通してみる。すると、本のタイトルが物語る方向が、より明確になるだろう。そうやって一時間も店内をブラつけば、時代を伝える〝ミニ・コラム〟をたっぷりと読むことにもなるわけだ。

ときおり、文学青年でもなさそうなビシッとしたスーツ姿の男性が、やけに熱心に書店の平台や棚を物色しているのを見かける。彼らは、棚から棚への移動が速く、本から本への目の走らせ方が速い。おそらく、彼らは頭のいいビジネスマンに違いない。彼らは、そうやって店内に並ぶタイトルから時代の情報を読みとっているのだ。

「立ち読み」には意外なメリットがある

タイトルと帯のコピーが気に入ったなら、その場で中身に入ってしまえばいい。つまり、立ち読みである。「本は買って読め」といった、その舌の根も乾かないうちに、立ち読みをすすめるとは矛盾していると思われるかもしれないが、私が立ち読みをすすめるのは、お金を節約するためではない。立ち読みには、ふつうの読書では得られない、ふたつのメリットがあるからである。

ひとつは、スキマ時間の活用である。じっさい、最近の立ち読み客には、すさまじい根性の持ち主がいる。ある営業マンなどは、話題のビジネス書は、ほとんど立ち読みだけで読破してきたという。とりたてて裏ワザがあるわけではない。まず、営業の出先で最寄《もよ》りの書店に入り、ミーティングまでの二〇分間を立ち読みにあてる。そして、手帳に読んだところまでのページ数を書き留め、そこから先は、営業にでるたびに出先の最寄りの書店に寄って、つづきを読む。これをくり返すことで、週に一冊のペースでつぎつぎと話題の本を読破。おかげで、彼は都内の主要書店の地図は、すべて頭に入っているという。

これを、いじましいケチとよぶのは、これまでにお話ししてきた習慣術のモットーを理解していない人だ。なぜなら、彼は、出先でのスキマ時間を情報収集に利用したという点で、時間利用の達人にほかならないからだ。

もうひとつ、立ち読みは、ふつうの読書より集中力が増し、内容が頭に入るということがある。立ち読みでは、かぎられた時間で、その本が面白いかどうか、買うべきかどうかを判断しなければならないため、脳はフル回転し、目は猛スピードでページを追う。

その結果、新書程度なら、一〇分もあれば、おおよその内容がわかってしまう。もちろん、そのうえで、もっとしっかり読みたいと思えば、それはじゅうぶんに買うに値する本、いや絶対に買うべき本である。なぜなら、立ち読みで内容を吟味した以上、〝読んでみたらつまらなかった〟ということは、ありえないからだ。

ただし、ミステリーだけは、立ち読みで内容を吟味することができない。とくに最近多い長編ミステリーを読むのは一種の賭《かけ》。駄作《ださく》の場合、お金より時間を返してくれ、といいたくなる私である。

頭がよく働く「本の読み方」とは

立ち読みに難点があるとすれば、それは肉体的に疲れるということだろう。

中年ともなると、三〇分も立ち読みをつづけていると、身体がズッシリと重くなり、腰も痛くなってくる。やはり、本は、いちばんラクな姿勢で読むにかぎる。

『本は寝転んで』という著書のある作家の小林信彦氏や前に紹介した林望氏も、本は寝転がった姿勢で読むのがベストだといっている。就寝前や起床後などに、パジャマのままでフトンにくるまって読めば、なおさら最高だとか。読書は、挑戦でも儀式でもないので、身体に力を入れる必要はない、目と耳だけを集中させる姿勢をとるべき——それが、林氏の持論だ。

文芸評論家の故・江藤淳《えとうじゅん》氏は、若いときに結核をわずらって、病院のベッドの上でさまざまな文献を読みあさり、夏目漱石の研究をしたという。明治の俳人・正岡子規《まさおかしき》も、結核で寝たきりになったなかで本を読み、かつ俳句をつくった。

「いくたびも雪の深さを尋《たず》ねけり」「鶏頭《けいとう》ヤ糸瓜《へちま》ヤ庵《あん》ハ貧《ひん》ナラズ」といった子規の句は、いずれも枕に頭を置いたロー・アングルから眺めた風景を詠《よ》んだものとされている。そういえば、子規には「ねころんで書《ふみ》よむ人や春の草」という句もあった。

とはいえ、何がラクな姿勢であるかは、人によってまちまちだ。中学校の保健体育の教科書には、姿勢を正して座っていると、かえって身体に負担がかからないと明記されているし、テレビの健康番組では、うつぶせの姿勢こそ背中を痛める元凶だといっている。

というわけで、寝ころんで本を読むのは、身体よりも気分をくつろがせるためのものと考えたほうがいいだろう。林氏の習慣術は、あくまでもヒントであって、絶対の答えではない。いわれたままをヤミクモに実践するのではなく、先達の習慣術のエッセンスを踏まえつつ自分に合ったやり方を見いだすのも、習慣術の知恵のひとつ。みなさんも、読書が楽しめるベストの姿勢を発見していただきたい。

本は大いに汚しなさい

以前、どういうわけか、ふいに坂口安吾《さかぐちあんご》が読み返してみたくなったことがあった。しかし、学生時代に読んだ本は、本棚から消えてなくなっている。それでも、猛烈に読みたい気持ちがおさまらないので、書店よりずっと近くにある図書館から借りた。硬い箱入りの立派な全集である。ところが、いざページを開いて、いたるところに引かれた傍線《ぼうせん》に呆然となった。傍線を気にせずに読もうとしても、その人の「読み方」が強烈に主張してきて、こちらの「読み方」を阻止してしまう。とても読めたものではなかった。

もちろん、図書館の本に傍線を引くのは非常識だが、自分の本であれば、何かを感じた箇所に傍線を引くのは、本読みの達人たちの常識だった。

たとえば、評論家の立花隆《たちばなたかし》氏は、「本は消耗品なので、傍線を引いたりページをめくったりして、遠慮なく汚すべきである」という。ただ汚せというのではない、その背景には、立花氏一流の論理が貫かれている。

ノートをとりながら本を読むと、どうしても読書のスピードが落ちる。しかし、傍線を引きながら読めば、より多くの本が読めて、結果としてより豊富な知識が得られるというわけだ。その際、本は、本であると同時にノートでもあるということである。

「本はノート」という考えは、「気楽な読書」派の代表である林望氏においては、さらに徹底している。林氏の場合は、傍線どころか、ページの余白にメモまで書き込んでしまう。ときには、本の内容とはまったく無関係の自分のエッセイのタイトルなどを書き込むこともある。さらに、林氏は、ラーメンを食べながらでも本を読む。よって、本は、傍線だらけメモだらけシミだらけになる。

しかし、彼は、それこそが「本が自分の血肉になった姿」だと明言する。しっかり読み、汚れた本は、使いこなした野球のグローブに似ている。新品の硬いグローブは、使いこなされて汚れ、柔らかくほぐれることによって自分の身体になじんだ道具になる。

『徒然草《つれづれぐさ》』の第八二段にも、「羅《うすもの》は上下《かみしも》はづれ、螺鈿《らでん》の軸《じく》は貝《かい》落《お》ちて後《のち》こそいみじけれ」とある。

〝超訳〟すれば、本は、表紙が破れ、巻《ま》き軸《じく》が壊《こわ》れてしまってこそ味わいがでる、ということだ。中世の文豪までもがそういっているのだから、勇気をもって「本を汚しまくる」習慣術を身につけていただきたい。

私自身のことを白状させてもらうと、私は、資料として

本は汚してこそ
自分のものになる

とっておきたいページは、コピーするのももどかしく、破いてファイルしてしまうことがある。あとでその本を開くと、ページがないということもしばしばで、ファイルが見つからないときは、やむをえず、その本をもう一冊買うこともある。その出費は、本にたいして狼藉《ろうぜき》を働いた報いだと思うことにしている。

これが頭のいい人の「併読術」

これまでは「本」とひとくくりにしてきたが、本にもいろいろある。ここからは、本の内容に関する話に入っていこう。

本好きのなかには、通勤電車ではビジネス書、寝床のなかでは東海林《しょうじ》さだお氏のエッセイという具合に、同時に二冊以上の本を併読《へいどく》する人が多い。鈴木健二氏もそんなひとりで、彼は、長編小説を読むときは、専門書と軽い短編小説を併読するという。一冊をメーンディッシュに、残る二冊をオードブルあるいはハシ休めにするという読書術である。

ただし、鈴木氏の併読法は、主食よりもハシ休めのほうが軽いとはかぎらない。もともと外国の論文(専門書)をおもな滋養《じよう》にしている鈴木氏は、ヘビーな長編小説を読むかたわらで難解な論文を読む。こうして異質な本を同時に読むと、長編小説も最後まで読み通せるという。その理由について、鈴木氏は、「世界がそこだけに集中して狭《せま》くなってしまうと、気分がこり固まってしまう」からだといっている。

また、評論家の紀田順一郎《きだじゅんいちろう》氏は、場所とスタイルに応じて読む本を変える併読法を採用している。堅《かた》い本を読むときは、机に向かって、背もたれがまっすぐに立った椅子に姿勢を正して座る。いっぽう、電車や喫茶店などの読書向きでない環境では、読むのがラクな軽い読み物、雑誌、そして苦手分野の本を読む。

紀田氏の苦手分野は、自然科学だという。悪環境のなかでわざわざ苦手な本を読むというところが面白い。おそらく、ベストの環境は、得意なジャンルで、なおかつ真剣に読まなければならない本のためにとってあるのだろう。苦手の本は、どのみちスイスイ頭には入ってこないのだから、どこで読んでも同じというわけだ。

これらの併読術が物語るひとつの教えは、「頭の栄養にもバランスが必要」ということである。仕事に直接関係のあるビジネス書ばかり読んでいると、消費者の日常感覚が見えなくなるし、ペーパーバックのノベルスばかり読んでいれば、専門知識がお留守になる。それを頭に入れたうえで、栄養バランスのとれた併読術を身につけていただきたい。

あえて「自分と意見の違う著者」の本を読む

私は、けっこうテレビに向かって話しかけてしまうタチである。とくに対論番組には、「そうかぁ?」とか「そりゃ、違うだろうがぁ」とかのツッコミやオチョクリを盛んに入れる。テレビ朝日の『朝まで生テレビ』などの討論番組では、自分の気に入らない論者に向かって、とうとうと反論をまくしたてたりもする。そうするうち、自分と意見を異にする人間の登場を楽しみにするようにもなった。いじましい習慣に思えるかもしれないが、それはそれで、意外な効用があるものだ。というのは、ブツブツと反論を唱えているうちに、自分のスタンスを説明するロジックが自然に組み立てられてくるからである。

これは、そっくりそのまま読書術にも使うことができる。まさか、本を読みながら「それは違う、なぜなら……」などとつぶやく必要はない。心のなかで反論しつつ、ときにそのロジックをノートに書き留めてみるのである。

これを実践するためには、あえて「自分とは意見を異にする著者」の本を読んでみると、積極的なトレーニングになる。

六章（149ページ）で、儒学者の荻生徂徠《おぎゅうそらい》が、同業の伊藤仁斎《いとうじんさい》の説をヤリ玉に上げて集中攻撃をしたというエピソードを紹介した。あの段では、批判は最大級の尊敬の表明であると話したが、そのいっぽう、仁斎への批判は、徂徠にとって、自分の説を確かなものにするためのトレーニングでもあったはずである。

どんな名著でも「批判的」に読むべし

「読書による批判精神の鍛錬」というテーマを、もうすこしつっこんでみよう。

「複眼《ふくがん》思考」の研究で知られる東大の苅谷《かりや》剛彦《たけひこ》教授は、いかなる優れた本にたいしても疑問を抱く「批判的読書法」を提唱している。ここで提唱されるのは、きわめて戦略的な批判である。段落ごとに、「この点は鋭い」「この点は飛躍しすぎている」「この点は、まったく納得できない」「スッキリと筋を通しているが、例外はないのか」といった多様な角度からの評価を書き込んでいくのだ。

鮮やかに組み立てられた論理には、いかにも一点の綻《ほころ》びも穴もないように思える。しかし、一点の矛盾《むじゅん》もない鉄壁《てっぺき》の論理というのが、そもそも大きな矛盾をはらんでいるともいえる。たとえば、遺伝子学者のリチャード・ドーキンスは、人間をふくめたあらゆる生物は、種族の欲望ではなく個々の欲望にしたがって活動しているという「利己的遺伝子」の理論を推し進める著作（その著作『利己的遺伝子』は、世界の大ベストセラーとなった）において、その論理に反する自然現象のいっさいを切り捨ててしまった。

本来ならば、自然界は数学のように解析《かいせき》できるものではない。ドーキンスは、「もっとも、これは一例にすぎないが」「まったく違う現象もあるが」などと、自分の論理が抱える矛盾を提出しつつ論理展開することもできたはずだ。ところが、それを無視して巧《たく》みなレトリックで矛盾を飛び越えていったために、この本で初めて遺伝子を学んだ人は、「一点の揺るぎもない遺伝子の真実を」知らされた気になってしまったわけだ。

それはそれで見事な筆さばきではあったが、一連の著作を物したあと、ドーキンスは、その強引な論理展開をみずから反省して、「自然界は、虹のようにつかみどころがない」と語る内容の著作を発表した。前作を信じきって無条件に感動した読者は、いいツラの皮というところだろう。じつは、私も、ドーキンスの自己批判によってハシゴをはずされた感に襲われた読者のひとりである。

そんなことにならないためにも、名著とされる本ほど「批判的読書法」を駆使《くし》すべきである。名著や大ベストセラーは、概して論理的矛盾をつくろうレトリック、ロジックが巧《たく》みに仕上げられているものだからだ。

また、一方的な論理の反対側に立たされている立場になって考えてみるのも、「批判的読書法」のひとつのやり方だろう。アメリカにいわせれば、イラクのフセイン元大統領は、完全な犯罪者であったということになる。だが、アラブ世界とアメリカとの半世紀以上におよぶ確執に目を転じれば、一方的にユダヤ人のイスラエル建設を後押しして、先住のパレスチナ人を追いだす黒幕となったアメリカもまた、アラブにたいする永遠の加害者になる。思わず肩に力が入ってしまったが、「複眼思考」を鍛える習慣術は、私には、たんなる読書術を超えた〝人生の技〟に思えている。

本は最後まで読まなくてもよい

科学のように緻密な読書法につづいて、一転してケンカのように大胆な読書術を紹介しよう。ジャーナリストの東谷暁《ひがしたにさとし》氏は、「序文を経て二章、三章まで進んで面白くなかった本は読むのをやめてよい」と断言する。

〝卵が腐っているかどうかを知るには、全部を食べてみる必要はない〟という西洋の諺《ことわざ》にあるように、東谷氏にいわせれば、その本が面白くないことを知るには、半分も読む必要はないのだ。東谷氏としては、たとえ本の批評を書く仕事であっても、その本がツマラナイことが判明したら、途中で読むのをやめて、「半分まで読んだかぎりでは、ツマラナイのひと言につきる」と書くつもりだという。

ほとんどの読者は、自分が本に金を払った〝お客〟であることを忘れている。だから、自分の読んでいる本に面白さを感じられないと、自分の読解力や感性に問題があるのだと思ってしまう。だが、そんな遠慮はさらさらいらない。金を払った客は、もっとデンとかまえていればいいのだ。文筆を商売とする側にこそ、読者が理解に苦しまない、退屈《たいくつ》しないサービスを提供する義務があるのだから。著者に遠慮するのは、タクシーの運転手に道を聞かれてビクビクするにひとしい。

また、『論文の書き方』（岩波新書）などで知られる社会学者の清水幾太郎《しみずいくたろう》氏は、「わかった」と思えた本もまた、途中で読むのをやめてもいいとしている。著者の主張というのは、概《がい》して単純であり、複合的に見えてもひとつしかない。そのため、主張のポイントが見えてしまえば、主張の全貌《ぜんぼう》を見通したことになるからだ。清水氏によれば、「わかった」と思わせて途中で読むのをやめさせる本は、けっして悪い本ではない。清水氏は『本はどう読むか』（講談社現代新書）のなかで、こう書いている。

「一筋の清潔な主張に魅せられて、思わず、最後の頁に辿《たど》りつくことがあれば、これに越した幸福はない。しかし、その途中で、明快な論旨《ろんし》が十分に呑《の》み込めてしまうこともある。『判《わか》った』と思うこともある。そこで読むのをやめたところで、一流の著者なら、ニッコリ笑って頷《うなず》くにちがいない」

この本で紹介してきた習慣術の基本は、「手間と時間の節約」である。愚直《ぐちょく》に地道にコツコツとやることを否定する気はないが、それは術ではない。術を学ぶからには、賢さと要領を学ばなければならないのだ。その意味で、「途中で読むのをやめる」というのは、まさに頭のいい習慣術なのである。

教養と品性を磨くために何を読むべきか？

クールなスピード処理を強調したと思ったら、一転して、じっくりと古典を読むことをすすめてしまう。それもまた、この本の「複眼思考」的なところだと思っていただきたい。

元昭和電工名誉会長の鈴木治雄《すずきはるお》氏は、「これからのビジネスマンに求められるのは、利益追求ではなく、教養と品性だと思う。教養と品性を磨きなおすことは、経営そのものではなく、人間にたいする理解を深めることにつながる」としたうえで、経営書やビジネス書ではなく古典を読むことをすすめる。鈴木氏自身、その習慣術の実践者で、カール・ヒルティ（スイスの哲学者・公法学者・政治家。一八三三〜一九〇九）の愛読者でもある。

ヒルティの著作では、『眠られぬ夜のために』や『幸福論』が有名だが、鈴木氏は、とくに『幸福論』のある一節が貴重な示唆《しさ》に富んでいると指摘する。かいつまんで説明するたぐいのものではないので、その一部を原形（氷上英廣訳）のまま紹介しよう。

「人生における真の成功、すなわち最高の人間完成と真実の有益な行動の到達には、いくたびの外面的な不成功が属していることは、必然的とさえいっていい。（中略）いや、われわれはさらに一歩を進めてこう言うことができる。事柄そのものが大きな意義のあるものであるならば、最大の成功の秘密は、不成功にある、と。長いこと全国民に追想されているような人々は、決して成功によってそのような偉大な人生目標に到達したのではない。シーザーやナポレオンは、ブルータスやウォーターローの戦やセントヘレナ島がなかったならば、歴史上たんに暴君として残るであろう。オルレアンの少女も、その殉教がなかったならば、いくらもいる実行力ある女性にすぎないだろうし、ハンニバルもカルタゴが勝ったとしたら耐えがたい存在であるだろう」

従来の発想では、ビジネスは、勝ってナンボであり、勝てば官軍だった。そして、ビジネスマンは、成功をつづけてこそ英雄だった。ビジネスのトップが、この一節から精神的栄養を得ていること自体、かなり大胆な逆説的発想というしかない。

鈴木氏は、もちろん、不成功の美学をすすめているのではない。古典を読むことによって、利益追求にこり固まった頭を大きく転換させることの必要性を説いているのだ。

さて、あなたはどっち？

✣イマイチの人は本を借りて読んで頭の中に叩き込もうとするが、頭のいい人は、必要な本は絶対に買って読んで、大切な部分をくり返し読む。

✣イマイチの人はインターネットで本を買うが、頭のいい人は、こまめに書店にいき、世の中に吹いてる風を読む。

✣イマイチの人は何でもかんでも本を買うが、頭のいい人は、書店でしっかり立ち読みして、買うに値する内容の本を買う。

❖イマイチの人は姿勢を正して本を読むから疲れるが、頭のいい人は、ラクな姿勢で読むから、集中でき、どんどん頭に入る。

❖イマイチの人は本を読みながらノートをとるが、頭のいい人は、本をノート代わりにするなどして、汚しても気にしない。

❖イマイチの人はそれが面白くてもつまらなくても、読み終えるまで一冊の本を読みつづけるが、頭のいい人は、何冊も併読する。

❖イマイチの人は自分の好きな作者の本ばかり読むが、頭のいい人は、あえて、自分とは意見を異にする作者の本を読み、批判精神も身につける。

❖イマイチの人は「名著といわれる本」は頭から受け入れてしまうが、頭のいい人は、批判的な目で読むことも忘れない。

❖イマイチの人は買った本を最後まで読もうとするが、頭のいい人は「使えない本」「わかってしまった本」は深追いせず、途中でさっさとやめてしまう。

❖イマイチの人は流行の理論や新説が解かれた本を積極的に読むが、頭のいい人は、それに加えて「古典」を読み、そこから真理を学ぶ。

8

●あふれる資料を整理できないあなたへ——

有益で使い勝手のいい情報収集習慣のススメ

新聞は一紙だけ読めばいい?!

自宅では朝《ちょう》・毎《まい》・読《よみ》の一般紙のいずれかを読み、通勤電車では日経を読むというビジネスマンがすくなくない。会社によっては、「情報やオピニオンが偏《かたよ》らないために、新聞は二紙以上を定期購読する」という習慣を社員に徹底させているところもある。

いかにもデキるビジネスマンの習慣であり、情報が偏らないための適切なやり方でもあるだろうが、これは、それほど簡単に実践できる習慣ではない。そもそも新聞一紙をちゃんと通読すると、最低でも一時間はかかる。大切なのは、一紙の読み方なのだ。

文科省の論客として知られる寺脇研《てらわきけん》氏は、仕事場では五紙に目を通す。だが、その場合は、自分の仕事に関係のある記事だけだ。原則として、寺脇氏が通読するのは毎日新聞一本。その習慣を、寺脇氏はすこしも迷うことなく守りつづけている。

「ひとつの新聞を毎日、隅から隅まで読むことが大切。一定の尺度で書かれている記事を毎日読んでいったほうが、世の中に変化が起こったときは、その変化が読みとりやすい」

というのが、寺脇氏の経験上の知恵だ。

たとえば、北朝鮮問題、イラク問題のように、日々、大きく情勢が変化する大問題などでは、途中で新聞を替えると、何が起こっているのかをつかみづらくなる。小泉首相のイラク攻撃協力に反対する立場をとる新聞から、暗に賛成の立場を表明する新聞に替えたとしよう。すると、代々木公園での大集会に代表されるような、世論じたいがアンチ小泉に向かっている流れが見えなくなってしまうわけだ。

たしかに、一定のアングルで世の中を見ていると、カメラのアングルが固定されているのと同じで、流れの速さや大きさが見えやすい。どんな新聞にも論調のクセというものがあるが、そのクセに慣れてしまえば、その目を通した情勢の揺れ動きが見えてくるのだ。

ちなみに、私は、数十年来、朝日新聞を読んできた。べつに、天下の大新聞だからではなく、読売新聞は巨人のスポンサーだから×《バツ》、毎日新聞は出版広告が極端にすくないから×というわけで、消去法でそうなった。そんな私があらためて新聞を一紙だけに絞ることのメリットを考えてみたら、つぎのふたつが思い浮かんだ。

①よくなじんだ新聞は、勝手知ったるスーパーでの買い物のように、読みたい記事をすぐに見つけることができる。

②新聞料金を銀行引き落としにしておくと、集金係に仕事を邪魔されない、である。

新聞は下から、雑誌は後ろから読む

スピードという点を重視すれば、一紙に絞ったうえで、さらに読み方の工夫をこらしたい。たとえば、マーケティングコンサルタントの西川りゅうじん氏は、一面トップよりも先に、経済面や政治面の下のほうに書かれたコラムやベタ記事に目を向けるという。

このエリアは、だれもが知っている当たり前の情報ではない、「人に差をつける情報の宝庫」だからだ。たしかに、特別のスクープでもないかぎり、一面トップの記事は、いやでも目や耳に入ってしまっているネタばかりだ。

二〇〇一年の九月一一日の深夜、私は、関西のとある辺鄙《へんぴ》な町の辺鄙な飲み屋で、隣に座った見知らぬおじさんから「ハイジャックされた飛行機が、アメリカの貿易センタービルに二機も突っ込んだそうや。さっき、テレビのニュースでやっとった」と聞かされた。これは大変だと、翌日は早起きして新聞のトップ記事に飛びついたが、新聞の見出しも記事も、見知らぬおじさんが伝えてくれた内容と大差はなかった。つまり、その時点で集まっていた「同時多発テロ」の情報を知ろうとするならば、おじさんのひと言がもたらした情報でじゅうぶんだったわけだ。

このことは、雑誌の第一特集についてもいえる。最近では、テレビのニュースの特集がやたらに充実していて、スマホがどうしたとか、スイーツがどうしたとかのトレンド情報は、テレビをぼんやり見ているだけで目と耳に入ってしまう。だから、雑誌の第一特集のほとんどが、目新しくないということになる(じっさいには、テレビの報道特集が雑誌の記事を拾っていることが多いのだが、どちらが先かは、ここでは問題にしない)。

そこで、西川氏は、雑誌についても「巻頭の第一特集ではなく、末尾のコラム、ヒマネタから読む」ことにしているという。雑誌によっては、映画評や書評に、他誌にない鋭い評論家を揃えていたりする。また、隅のコラムほど、一般ウケはしないが編集者の情熱がこもっていたりもする。だれでも知っている情報はサラッと流し、だれも知らない情報を血マナコになって探す——これぞ、頭のいい人の情報とのつきあい方というわけである。

「情報整理マニア」になり下がるなかれ

情報収集をスピーディーにこなしても、情報整理に時間をかけていたのでは何にもならない。自分の情報整理をみずから「我流《がりゅう》でズサン」という立花隆氏は、情報整理が人を泥沼に陥れるという現実の寓話《ぐうわ》を、私たちに授けてくれる。

ある日、立花氏の家をひとりの青年が訪れた。大阪から上京してきたその青年は、広範なテーマを豊富なデータに基づいて書きこなす立花氏に心酔しているとのことだった。わざわざ大阪から訪ねてきた目的は、それだけの膨大なデータを整理する方法を教えてもらうためだという。立花氏が、「あなた自身は、日ごろ、どうやって情報を整理しているのか」と聞くと、青年は、待ってましたとばかり、持参した大きな包みを広げ、そのなかからさまざまな情報整理ツールをとりだした。カード、スクラップブック、ファイリング……。彼自身が、情報整理マニアだったのだ。

立花氏は、その整理能力に驚かされた。あらゆる資料が、二重三重に参照できるようになっていて、全体の整理も申し分ない。しかし、申し分ない整理をやり遂げようとするからこそ、彼は、それに多大な時間をとられていた。じっさい、朝から晩まで、情報整理に明け暮れているというのだ。

不思議に思った立花氏は、「働いていないのか?」と聞いた。すると、彼は自分が髪結《かみゆ》いの亭主であることを明かし、いまのところは、好きなものを好きなだけ読んで、将来に研究するテーマのために情報を集めていればいい身分なのだという。そうするうち、彼は、いつしか情報整理だけが目的になり、整理術をきわめることだけが生きがいになってしまったらしい。

立花氏は、この青年から、真っ先にフローベルの『プヴァールとベキッシュ』を思い浮かべた。知的好奇心のとりこになり、資料の収集と整理に精をだすうちに、その泥沼にはまって精神的破滅をきたす、ふたりの男の物語である。

ここでは、これ以上の注釈を加えずに、まずはこの寓話がもつ説得力にひたっていただくことにしよう。

これだけは実践したい簡単「情報整理術」

さて、手段と目的を混同することがいかにアホらしいかということがおわかりいただいたうえで、情報整理の要諦《ようてい》について簡単に述べておくことにしよう。

立花氏のような人は、「我流」でも「ズサン」でも、そこから何でもひきだせる優秀な頭脳をもっている。だが、私のようなフツーの人間は、やはり、最低限の情報整理はしておかなければならない。もちろん、前述の青年のような整理マニアになってしまったらおしまいだ。ここで紹介するのは、ごく簡単な整理のための習慣術である。

会社のデスクのスペースには、当然、限界がある。だから、書類がたまっていくと、どうしてもタテに積み上げるかっこうになってくる。もし、それがすべて必要な書類ならば、いつかはひきださなければならない。しかし、タテに積み上げておくと、書類をひきだすたびに書類の層を掘り起こす作業が必要になってくる。地層なら、古い順に下層から積み上がっていくが、書類の層は、いつの書類がどの層に埋もれているかわからない。それだけに、発掘《はっくつ》作業はなおさら困難をきわめることになる。

『「超」整理法』のベストセラーを著した野口氏は、この問題をごく簡単に解決する〝コロンブスの卵〟のような整理法を教えてくれる。何のことはない、ただ、タテに積み上げた書類を横にすればいいのだ。そして、右から「時系列」で並べていけば、発掘作業が無用になるばかりか、選びだすのも苦労はないというのだ。

物事をむずかしく考えたがる人は、こんな場合でも、重要な順に書類を並べるとか、分類別に並べるとかの特別な整理法を駆使してしまう。だが、何が最重要かは日ごとに変わるし、分類別をやるとかえって区分けに頭を悩ませることになる。それは、整理マニアへの道にほかならない。だから単純に「時系列で右から順番に並べる」だけでいいのだ。

また、ヨコに並べれば、そのスペースは五〇センチからせいぜい一メートル幅までという制約が生まれる。つまり、左に新しい書類が加わるごとに、右のハシからいちばん古い書類が押しだされる仕組みである。つまり、この習慣術は、処分という意味の整理も同時にかねているわけだ。

いかにも簡単なようだが、こういう簡単なことを実践しうるか否かが、デキるビジネスマンとデキないビジネスマンの大きな差を生んでいるのだ。

達人が教える「捨てる」習慣術

それでは、右のハシから押しだされた古い書類を、捨てるか否かを迷ったとしたら、そのときはどうすればいいのか？

ここから先は〝時空処理の達人〟である中谷彰宏《なかたにあきひろ》氏のノウハウを紹介しよう。

中谷氏は、整理のとき、モノは三つの部類に分かれるという。

①絶対に捨てられないモノ　②どう考えても捨てるべきモノ　③捨てるか捨てないか迷

うモノ、の三つである。

　ほとんどの場合、③が八割を占めるのだが、中谷氏は、③に属するものは、すべて捨てることにしているという。つまり、中谷氏によれば、整理とは、「捨てるか捨てないか迷うモノ」をスッパリと捨てることを意味しているのだ。

　私が知っているさまざまな人種のなかで、もっとも捨てることが下手なのが編集者である。たとえば、オフィスのデスクの周りに書類や本を壁のように積み上げて、一種のパーテーションを築いていた週刊誌デスクのAの場合はこうだった。Aにとっては、それは書類の山というより、もはや自分が住む〝巣〟だった。だから、「いい加減、片づけろ！」と上司に何度しかられても、いっこうに壁を崩そうとしなかった。自分の巣と思っているので、片づけろ、という意味が通じないのだ。おかげで、「ベルリンの壁は崩れても、Aの壁だけは崩れない」との伝説が社外にまで伝わっていったほどである。

　ところが、ある日、その編集部にでかけると、そこには目を疑うような光景があった。Aの壁が、なくなっているのだ。それだけではない。彼の机は、メモ一枚落ちていない、きれい好きのOLの机のような状態になっており、オフィスのなかでもひときわ目立ち、開発予定のサラ地のような様相をていしていた。てっきり会社を辞めたのかと思っていると、彼が、どこからかヒョッコリ現れた。顔を見ると、やけにスッキリしている。いつもの仏頂面《ぶっちょうづら》とは打って変わって、にこやかでさえある。なんだか、悪霊祓《あくりょうばら》いをして正気に返った人のような雰囲気だった。

中谷氏は、「モノを捨てることによって、新しいエネルギーが生まれる」という。Aの発していた雰囲気は、まさに、その効果を表していたのだ。というわけで、「捨てる」習慣術には、机だけでなく人の心をクリーンにする効果もあるのである。

インターネットの情報をムダなく検索する法

このへんで、インターネットにおける情報収集術にも触れておこう。インターネットというと、それだけで膨大な情報が機能的に整理されたシステムという印象があるが、よくよく考えてみると、ネット上の情報は、現在、全世界に莫大な数のページがあるといわれている。そこまでのページ数になってしまっては、それは、もはや情報の氾濫《はんらん》と何ら変わりはない。そこで、ネット上の情報を整理する習慣術がぜひとも必要になってくる。

『「超」整理法』につづいて『インターネット「超」活用法』を著した野口氏は、本や論文を書くときに必要なデータは、ほとんどネット上からひきだしている。そうした経験をもつ野口氏によれば、インターネットによって効率的な情報収集をするには、「検索エンジン」と「ガイド」の使い分けが決め手になるという。

まず、求める情報の範囲が、たとえば「帝国ホテル」というふうに特定されている場合は、「検索エンジン」を使う。だが、検索エンジンだと、単純なキーワードにたいしては膨大な項目がでてきてしまうので、キーワードを絞り込むテクニックが必須になる。「帝国ホテル」のどんな情報が知りたいのかをあらかじめ絞り込んでおくことが、時間を節約するうえで重要なのだ。

いっぽう、「銀座の一流寿司店」のような漠然とした範囲でしか特定できない場合は、「ガイド」を活用。「ぐるなび」「食べログ」といったサイトで目ぼしいものを順次、選択していけばいい。つまり、「検索エンジンがイエローブックならば、ガイドはミシュラン・ガイド」というわけである。

野口氏が提示するノウハウは、いわば情報をコントロールするための情報である。情報過多の現代において、ビジネスマンに必要なのは、まさにそちらの情報だろう。企画書や調査データをつくるときなど、ふんだんにインターネットを活用している人が多いはずだが、「情報をコントロールする情報」があるとなしでは、情報のつまみだし方に、はっきりとした違いがでてくる。同じツール、同じ情報源をもっていても、その違いが大きな差を生むことになるのだ。

ヒット商品やベストセラーはこう活用する

インターネットを使いこなせば、情報処理が格段に速くなる。ヒット商品、ベストセラー、ヒット映画も、ものの数分でアウトラインや内容がつかめる。しかし、こうした情報のなかには、速さにまかせて通りすぎてはいけない情報もある。

かつて、写真家の篠山紀信《しのやまきしん》氏が撮影した宮沢りえのヌード写真集が大ヒットしたことがあった。『サンタフェ』（南米の都市の名前）と題するその写真集は、なぜか男性よりも若い女性の憧れの的になった。明朗なアート感覚とフレッシュな宮沢りえのヌードがあいまって、「ヌードって、かわいい」と思わせたからだ。

それはともかく、ここで紹介したいのは、『サンタフェ』そのものではなく、この写真集にあやかって集客に成功した「豊島園《としまえん》」（東京の遊園地）の抜け目のなさである。

写真集のなかで、もっとも人気をよんだのは、モダンアート調のガラス戸越しにヌードの宮沢りえが立っているショットだった。そこで、豊島園の企画部では、写真集発売の直後に、園内にそれとそっくりのモダンアート調のガラス戸をしつらえて、写真撮影のコーナーに仕立てたのだ。このアイデアが大ウケにウケて、そのコーナーは、連日、若い女性たちで長蛇《ちょうだ》の列となった。さすがに、ヌードになる女性はひとりもいなかったそうだが、女性客たちは、『サンタフェ』のヒロインになった気分で大ハシャギだったという。

この成功例は、ふたつの示唆をふくんでいる。ひとつは、写真集が大ヒットする前に、いちはやくそれをとりいれようとした研究心。もうひとつは、『サンタフェ』の写真集を見て、「これは、男よりも女にウケる」という匂いを嗅ぎとった感性である。

さらに、それよりも重要なのが、『サンタフェ』をインターネットで検索したのではなく、真っ先に買って、自分たちの目で念入りに確かめたことだ。そうでなければ、ガラス戸を使った撮影コーナーという奇抜なアイデアは、けっしてでてこなかっただろう。

ヒット作品の研究について重要なのは、ヒットした結果ではなく、ヒットした理由である。そして、そこには、かならず複数の理由がある。ひとつの理由からだけでは、大ヒットは生まれない。

たとえば、日本での配給収入の記録をつくった映画『タイタニック』には、恋愛、パニック、タイタニックの謎、高度なSFXという要素が巧みに溶け合っていた。それらの複数の理由を知るには、やはり「自分の目で見て」確かめる以外にはない。そして、ヒット作品から自分の五感に伝わった霊感、刺激は、商品開発や企画立案の大きな栄養源になるはずである。

映画通、書物通で知られるJR西日本の名誉会長・村井勉《むらいつとむ》氏（かつては、営業不振に陥ったマツダ、アサヒビールを立て直した実績がある）は、大学を卒業して住友銀行に入社したとき、先輩の行員から、こんな習慣術を授けられたという。本をよく読むこと、映画をよく見ること、流行の音楽をよく聴くこと——。たとえ全世界のネット上に百億のサイトが生まれようとも、この習慣術の有効性に変わりはないのだ。

情報は「物々交換」を鉄則とせよ

私たちは、新聞を購読し、書店で本を買い、映画館で映画を観賞し、インターネットを検索することによって、日々、カネで情報を買っている。

しかし、それだけでは得られない貴重な情報というものがある。それは、作家、研究者、開発者、一流の職人などから、彼らの口を通して得られるナマの情報だ。しかし、それらは、カネさえ払えば手に入るというものでもない。では、どうすればこうしたナマの情報が得られるのか?

私は、新聞記者から情報をもらうときは、かならず手土産を持参することにしている。といっても、虎屋の羊羹《ようかん》や一升瓶《いっしょうびん》をたずさえてでかけていくわけではない。こちらが日ごろの活動で得た情報をもっていくのだ。

新聞記者というのは、文芸部や都内版の記者でないかぎり、概してトレンド情報や文化・風俗情報に疎《うと》い。私がお世話になるのは、たいてい経済部の記者で、彼らは、鉄なら鉄、繊維なら繊維というふうに、研究者まがいに専門分野に分かれている。だから、ややもすると世間オンチになりがちなのだ。

当人たちも、その偏りを自覚しているから、ほんのちょっとしたナマの情報を授けただけで、まるで世界の裏側を知ったように目を輝かせることがある。そして、その見返りとして、自分の足で稼いだ貴重な経済情報を授けてくれるのだ。

もし、あなたが一風変わった趣味の持ち主なら、日常の業務には役立たないと思われても、ぜひとも、それらを大事に育《はぐく》んでいただきたい。

堅《かた》い学問を専門とする学者、世間と隔絶《かくぜつ》した研究者、仕事一徹の新聞記者などは、他愛のない雑学に、意外なほどの興味を示すものだ。専門分野に突き進んだ彼らにとっては、世間の裏話や奇妙な流行の話ほど、物珍しく新鮮な情報はない。

反対に、〝釈迦に説法〟ともいうように、間違っても、彼らが知りつくしている世界のことを懸命に勉強して、それを手土産にしようなどとは思わないことだ。彼らに会う前にする専門分野の勉強は、聞いて理解するためだけにやればいい。

「情報の物々交換」は、相手が苦手な分野の情報を土産にする――。この習慣術は、商売の鉄則に基づいたものでもある。つまり、ミカンは、ミカンの採れないところに運んでいって売れということである。

さて、あなたはどっち？

❖イマイチの人は数紙の新聞に目を通すが情報に振り回され、頭のいい人は、基本的に一紙を通読・精読し、さらに自分の専門情報は他紙にも目を配る。

❖イマイチの人は新聞・雑誌のトップから読み進めるが、頭のいい人は、「新聞は下から」「雑誌は後ろから」読む。

❖イマイチの人は「情報を完璧に整理すること」に時間を割き、頭のいい人は、「整理された情報を使いこなし、応用すること」に時間をかける。

❖イマイチの人は書類を机に順次、タテに積み重ねていくが、頭のいい人は、右から順にヨコに並べていく。

❖イマイチの人は「捨てるか否か迷ったもの」は一応とっておき、頭のいい人は、迷ったものはきっぱり捨てる。

❖イマイチの人はインターネットの「検索エンジン」で情報収集し、頭のいい人は、これと「ガイド」を併用する。

❖イマイチの人は「ヒット商品、ヒット映画、ヒット音楽」の〝情報〟には敏感だが、頭のいい人は、じっさいにそれを自分の目で見たり、使ったりして、ヒットの理由を知り、自分の仕事に生かす。

❖イマイチの人は知りたい情報を足で稼ごうと努力するが大した成果はなく、頭のいい人は、知りたい情報の持ち主と、自分で得た情報を物々交換して難なく仕入れる。

9

頭と身体が生き返るOFF習慣のススメ

●ハードな毎日に疲れきっているあなたへ――

「絶対に残業しない日」をつくる

ビジネスマンにとって、オフの過ごし方が大切であることはいうまでもない。オンとオフは表裏一体であり、オフが充実していれば、オンもまた充実する。

オフをひたすらゴロ寝ですごすのも、後述するようにけっして悪くはない。が、ここではまずはオーソドックスに、ひとつの趣味に没頭《ぼっとう》することをすすめたい。たとえば、作詞家の秋元康《あきもとやすし》氏は、四〇歳をすぎて陶芸にハマり、「趣味力」という言葉を盛んに発信していた。趣味をもてない人生は、いかにも虚《むな》しいというのだ。

そんなことは、わかっている。問題は、趣味に没頭する時間がないのだ――そんな声が聞こえてきそうだ。たしかに、私のようにフリーで仕事をしている人間も、なかなか暦《こよみ》どおりに仕事をし、休むというわけにはいかない。連休に入れておいたゴルフの予定が飛んでしまうことなど、しょっちゅうだ。

それは、やむをえないことだと諦《あきら》めてきた私だが、林望《はやしのぞむ》氏の話を聞いたいまは、猛省の境地になっている。毎日のように締め切りに追われている林氏は、私などとはくらべものにならないほどの超多忙人間のはずだ。しかし、それでも彼は、仕事のために趣味の時間を犠牲にすることはけっしてやらないというのだ。

林氏の趣味は、「歌うこと」である。カラオケにハマっているのではない。プロの声楽家に、声楽を習っているのだ。楽譜を見ての音程の微妙な操作、ノドの広げ方すぼめ方による音色の変化など、声を楽器のようにあつかう技術を学ぶ。

これは、ハンパな趣味ではない。怠けていては、とうてい立ち打ちできない趣味である。「趣味も、プロになれるくらいでなければ意味がない」という林氏は、その信条にのっとって、生半可《なまはんか》なことではつきあえない趣味を選んだのだ。

林氏は、声楽のレッスン時間とバッティングする仕事の依頼はいっさい斬り捨ててしまう。最初に声楽のレッスンの時間をフィックス(固定)し、残りの時間に仕事を埋め込んでいくのだ。

組織で動くビジネスマンにはなかなか真似のできる芸当ではないかもしれないが、週に一度くらいは、「絶対に残業しない日」がつくれるのではないか。

それで仕事に遅れがでるようなら、あらゆる知恵を絞って、仕事の進め方なり、スケジュールを見直してみる。

なかには、「絶対に残業しない日」をつくっても仕事に遅れはでない、しかし、上司の査定が悪くなることが怖い――そんな人もいるかもしれない。私としては、査定より趣味を大切にしろといいたいところだが、これはもはやその人の人生観の問題である。

一日に90分は「心を耕す時間」をつくる

林氏のように趣味の予定を厳守するのは、そうとうに強力な意志の力が必要になる。昔から、守れない目標は立てるなといわれる。意志の力に自信のない人は、もっと緩やかな目標を設定してみることだ。この世には、「個人の時間」「オフ・タイム」をつくるためのノウハウ本があふれ返っているが、それらに紹介されている習慣術は、以下の三パターンに集約される。

①バラバラの時間を集めて、ひとつのまとまった時間をつくること。

②自分個人の時間に、やり残した仕事、手をつけておいてもいい作業などを絶対にしないこと。

③この習慣を、なしくずしにしたりせずに継続させること。

親切なようでいて、さほど親切でもないアドバイスである。まず、「まとまった時間」といっても、どれだけの時間なのかがわからない。これでは、健康の秘訣は、よく眠るにかぎるといわれているのと同じことだ。眠れれば世話はないし、知りたいのは、どれくらいの時間をどう眠れば健康が保てるのかという具体的な目安なのだ。

そこで、具体的な目標を設定してみることにしよう。アーノルド・ベネットの『自分の時間』（知的生きかた文庫）には、以下の三つのことが書かれている。

①自分の時間をもつことにたいして、あまり意気込んではならない。

②一日に九〇分、心を耕す時間をつくれ。

③一週間に七時間半、自分の時間をつくれ。

入り方として、①の心がけは大切である。自分の時間をつくることが絶対の義務になってしまっては、仕事に向かうのとまったく変わりない負担になってしまうからだ。

②と③の特徴は、目標が具体的で緩やかなことである。これは、①と関係している。ゆったりと自分の時間をもつためには、キツイ目標で自分を追い込んではならないということだ。

このベネットの習慣術は〝仕事を休む初心者〟にも、かなり実践しやすいといえるだろう。日本のビジネスマンは、仕事のベテランであるほど休む術の初心者という傾向がある。
この習慣術が必要なのは、むしろ年季の入ったビジネスマンのほうかもしれない。

「遊ぶ」と決めたら仕事はいっさい忘れる

せっかく自分の時間をつくっても、そこで仕事のあれこれを思い出していたのでは何にもならない。だが、日本のビジネスマンは、概して完全に仕事から離れることが苦手だ。オフが、クヨクヨと仕事のことを気に病む時間になってしまっているビジネスマンは、けっこう多いのだ。

では、どうすれば、仕事のいっさいを頭から追い払えるのか？

それには、どうやら、仕事を一〇〇キロの彼方へ放り投げるような暴力的な切り替えが必要なようだ。

鈴木健二氏がＮＨＫ時代、「スイッチ切り替え」のためにとっていた習慣術は、じつに豪快だった。ふだんは仕事に心身を奪われて「遊ぶ」時間などまったくなかった鈴木氏は、年に二、三回ほど、高級料亭で後輩を何十人も招いての盛大な飲み会を催したという。その宴会には、仕事の「し」の字も口にしてはならないという暗黙のルールがあった。そのルールにのっとって、自分の趣味、人生、映画、本、社会問題など、あらゆることを心ゆくまで語り明かしたのだという。

その雰囲気には、学生の宴会を彷彿《ほうふつ》とさせるものがある。学生には、当然、仕事なんかない。あらゆる問題にたいして、深刻なかかわりもなければ重大な責任もない。だからこそ、語ることにゲーム的な熱が入る。

鈴木氏にとって、この季節に一回の大宴会は、唯一最大の「遊び」だった。

「遊ぶのは、翌日から新しい人間になるため。仕事とはまったくかけ離れた世界をつくれなければ、遊びにはならないし、新しい自分をつくることもできない」

と、鈴木氏はいっている。

一般のビジネスマンには、もちろん、ここまでの豪快な切り替えをそのままマネすることはできないだろう。だが、そのエッセンスを汲みとりさえすれば、これは、だれにでも応用できる習慣術となる。

そのエッセンスとは、「仕事のことを忘れざるをえないほど」ハイな気分になるということだ。何によってハイになるかは、人それぞれなので個々人にお任せしておくが、すくなくとも、とくに大出費する必要がないことだけは確かである。

よくしたもので、人間は、案外、つまらないこと、ささやかなことでハイになれるようにできている。私などは、野球場でタイガースが勝つのをこの目で見たり、バンカーから直接カップインしただけで、一か月くらいはハイになれてしまう。

「休日だから」といってガツガツ遊ばない

遊んだために、よけいに疲れてしまう人がいる。好きな山登りやスポーツをしたあとの身体の疲れではない。心が疲れてしまう、というのだ。

そんな人にかぎって、遊ぶことにやたらに力が入っていたりする。アメリカでテロがあった、香港で恐ろしい風邪が流行っていると聞くと、即座にアメリカ旅行、香港旅行を国内旅行に変更してスケジュールを立て直す。

かと思えば、ガイドブックにでている名所、おいしいお店を点と線でつなぐようにしてあらかた制覇していく。まるで、「うんと遊ばなくちゃ」「うんと楽しまなくちゃ」という強迫観念《きょうはく》に駆《か》られているかのようなのだ。

東京の某心療内科の医師に聞いたところでは、その手の人は、心のどこかに「自分の人生は単調でつまらないのではないか」という強い不安を抱いているという。いずれにせよ、「楽しくあらねばならない」という義務感が前提となっていたのでは、遊ぶほどに疲れてしまうのは当たり前だろう。

「筋金《すじがね》入りのアンチ・アウトドア派」を自認している林望氏には、休みというと大型の四駆《よんく》に乗って渋滞のなかを出撃していくアウトドア派の姿がバカらしく映る。排気ガスをまき散らしながら渋滞の高速道路を走り、水道も風呂も売店もあるオートキャンプ場にタッチして帰ってきてどうするんだと、腹が立ちさえするという。つまり、休日だからといって気合たっぷりに出撃していくな、と、おっしゃりたいのだろう。

「真実の余暇というのは、何もしないべきなんです」と林氏はいう。じっさい、彼は、余暇には、どこへもでていかない。ほとんどの場合、寝転がって本を読んでいるだけだ。「リ・クリエーション」の本来の意味は、再創造。林氏によれば、何もしないで英気を養うことこそ、本当の「リ・クリエーション」というわけである。

心の底から旅行やアウトドアが好きならば、ドンドンやればいい。だが、「休日だから」「みんながでかけるから」という理由だけで、気合たっぷりに出撃しては、心身ともに疲れるのは当然である。思い当たる人は、ぜひとも林氏の習慣術を見習ってみてはいかがだろう。ただし、実行するにあたっては、家族にたいする説得が難航しそうだが……。

「良い接待ゴルフ」と「悪い接待ゴルフ」

林望氏は、「何もしないことが、真実のリ・クリエーション」と提言するが、選択の余地がなく、オフに何かをせざるをえないケースもある。接待マージャン、接待ゴルフが、それだ。

接待だけでなく、同僚や上司にマージャン、ゴルフに駆りだされる場合にも、ビジネスマンの多くは、「断りきれないもの」としてつきあう。

もちろん、妻や子どもには「つきあいだから、仕方がない」などとイヤイヤいくふりをしながら、じっさいは、けっこう楽しんでいる、というのなら問題はない。しかし、なかには、ゴルフがとりたてて好きではなく、こうしたつきあいに心の底から苦しんでいるビジネスマンもいる。

とくに接待ゴルフは、練習の必要、ゴルフ場手配の手間、接待相手の送迎、未明から重いバッグを担いで活動する肉体的苦労の四重ストレスがつきまとう。それに、さんざんのスコアが加われば、ストレスは五重になる。

それならば、接待ゴルフへのつきあいは、すっぱりとやめてしまえばいい。私は、ゴルフが好きだから、いろいろな面倒がつきまとう接待ゴルフでも、純粋にプレーが楽しめてしまう。私にとって、接待ゴルフは、一回でも多くゴルフができる機会にほかならない。だからこそ、私は、ゴルフも接待も嫌いな人にはゴルフ場から去ることをおすすめする。ろくに練習もしていない、熱心にプレーをしようともしない人間とラウンドするのは、ゴルフ好きにとってはけっして楽しいことではないからだ。

七章の「読書は批判的に」（171ページ）の項で紹介した、「反対側の立場に立って考える」習慣術を思い出してもらえば、接待される側にとっても、ゴルフが嫌いな人間とラウ

イヤイヤやるのは
接待される側にとってもイヤなもの

ンドすることが苦痛なのだということがおわかりだろう。相手も楽しめないとすれば、無理をしてゴルフにつきあうのは、なおさらナンセンスではないか。

嫌いな接待ゴルフをすっぱりと捨てるついでに、ここでは、常に自分が必要とされているという自意識もすっぱりと捨ててしまうことをアドバイスしたい。その自意識から解放されることが、さまざまな無意味な労苦から解放されることにつながるはずだからだ。

会社や同業種の人間と群れない

高度経済成長期のニッポンでは、酒・ゴルフ・マージャンが、サラリーマンのつきあいの「三種の神器《じんぎ》」とされていた。それは、日本の会社が終身雇用、年功序列を掲《かか》げていられた好景気のシンボルということができた。社員は仲間であり家族なので、社内の調和こそが第一という考えから、おのずと仲間同士のつきあいが盛んになったのだ。

ところが、各社が生き残りをかけてリストラを行なういまでは、ビジネスマンは、社員同士で和気あいあいとやっている場合ではなくなっている。そのいっぽうで、社内での調和よりも、いかに外部に強い人脈の網を広げられるかが、ビジネスマン一人ひとりが生き残る決め手となっている。

堀場製作所の堀場雅夫社長は、「社員同士で群れている時代は終わった」としたうえで、「他社、他業種の人間と別《わ》け隔《へだ》てなく交流できる人間が、より多くの情報を得ることができる」といっている。

〝異業種間ネットワーク〟は、十数年前から、さまざまな知識人や先端的なビジネスマンによって提唱されてきたが、その必要性が、いよいよ絵空事でないリアリティーを帯びてきたわけだ。

ただし、だからといって、いかにも物欲しげな顔で、あるいはなんとなく人脈を広げたいという理由で、〝異業種間ネットワーク〟に参加するのはやめたほうがいい。それは、どこかサモシく、また仕事の延長でしかないからだ。

理想は、たとえば子どもが通っている学校の〝おやじソフトボールチーム〟に参加したり、あるいは学生時代の同級生を核にして句会を始めるなどというものだろう。こういう集まりであれば、メンバーは必然的に異業種の人間たちばかりになる。そして、もちろん情報交換などは目的とはならないから、仕事の話は一切抜きで、純粋にオフを楽しむことができる。

もちろん、試合や句会のあとの飲み会では、仕事の話もでるだろう。そこで、あなたは未知の世界にふれたり、あるいは、中年になって初めて友人が得られることもあるだろうが、これはいわばオマケである。あまりベタベタしたつきあいは苦手だというのなら、適当に距離を置いてつきあえばいい。

私の知り合いに、草ラグビーチームのスクラムハーフを二〇年もつづけている男がいる。その彼は、会社の倒産もあって何度か転職しているが、所属するラグビーチームだけは変わらない。その男いわく、「おれが転職してもやっていけるのは、あのチームからエネルギーをもらっているからだよ」。

「休日はごろ寝」で何が悪い!

つぎに、オフをゴロ寝ですごすことの効用について考えてみたい。

ゴロ寝派は、基本的に「退屈《たいくつ》を恐れない」はずだが、なかには「やはり自分は退屈な人間なのだろうか……」と自分を責める人もいるはずである。

しかし、結論からいうと、退屈を恐れることはない。たしかに、「退屈を恐れない」とは、かなり哲学的な難題だ。「退屈を恐れるか恐れないか」は、生きることについての最大のテーマといえるので、あまり深追いすると、抽象的思索の泥沼にはまる恐れもある。

そこで、この深いテーマを、なるべく簡単に考えてみよう。たとえば、前に紹介した鈴木健二氏のスタンスは、「人生は、とくに何も起こらない日々のくり返しを、季節に一度の祭りでつないだもの」である。つまり、鈴木氏にとって、人生の本体は、「何も起こらない日々のくり返し」のほうにあるわけだ。

人生に何か劇的なことが起こるとすれば、病気、事故、会社の倒産、失恋といったトラブルというケースが圧倒的に多い。人生は、基本的には「退屈」で何も起こらない。その「退屈」は、本来、埋め立てることのできない海のようなものなので、これを埋めようとすると、かなりの無理が生じることになる。

知り合いの女性ライターは、琴、スキューバダイビング、スペイン語を習い、他業種とネットワークを広げる飲み会などで、日々の予定がびっしりと埋まっている。スケジュール帳に一時間でも空白が生まれると、天井の雨漏りを発見したようにうろたえる。いわゆる〝スケジュール・シンドローム〟である。

そんな彼女は、「休日に自分ひとりでいるようなことは、絶対にできない」と告白している。〝自分とふたりっきり〟になって向き合うことが怖いのだ。彼女の姿は、本来は埋められるはずのない退屈の海を埋めようとして、あがきつづけている姿にほかならない。

こういうタイプの人は、小津安二郎《おづやすじろう》監督の映画に目を向けてはどうだろう。この人がつくった映画は、じつに「何も起こらない」。ローアングルに固定されたカメラは、人がボソボソと話し、ささいな問題に頭を悩ませ、その解決にホッと胸をなでおろし、あるいは小さな希望を密かにあきらめるさまが、静かに描かれる。

しかし、その「退屈」な映画を見ている人は、けっこう「退屈」しない。観客は、小津映画のなかに「人生の真実」「人生の正体」を見て、「ああ、そんなものなんだよな」と共感することを楽しんでいるのだ。そのように、「退屈」に目を向け、「退屈」を自然に受け入れると、いろいろな人生の秘密が見えてくる。

裏を返せば、「退屈を恐れる人」は、永遠に人生の秘密に気づかないということになる。人生の機微にまったくオンチというのでは、人ともモノともうまくつきあえないはずである。

また、〝スケジュール・シンドローム〟は、仕事への具体的な悪影響をもたらす恐れもある。手帳に記された一週間の予定は、不測の事態によってどんどん狂っていく。そこで、手帳のなかに一時間の空白もつくっていないビジネスマンは、みずからがつくった過密スケジュールに追われてパニックに陥る。じっさい、例の女性ライターは、鬱《うつ》病で長期入院してしまった……。

漠然とした言い方だが、「退屈を恐れない」のは、具体的行動の前提となる心の術なのだ。退屈もゴロ寝も、きたるべき行動のための準備だと考えて、悠然と楽しんでしまうことをおすすめする。

友人は数人いれば それで十分

スケジュール魔のいっぽうに、人脈魔というのがいる。

人脈魔の場合は、手帳やケータイのアドレスの部分が満杯になっていないと不安を覚える。ケータイが蔓延《まんえん》した以降の世代に多く、いまなら新人から入社二、三年目くらいま

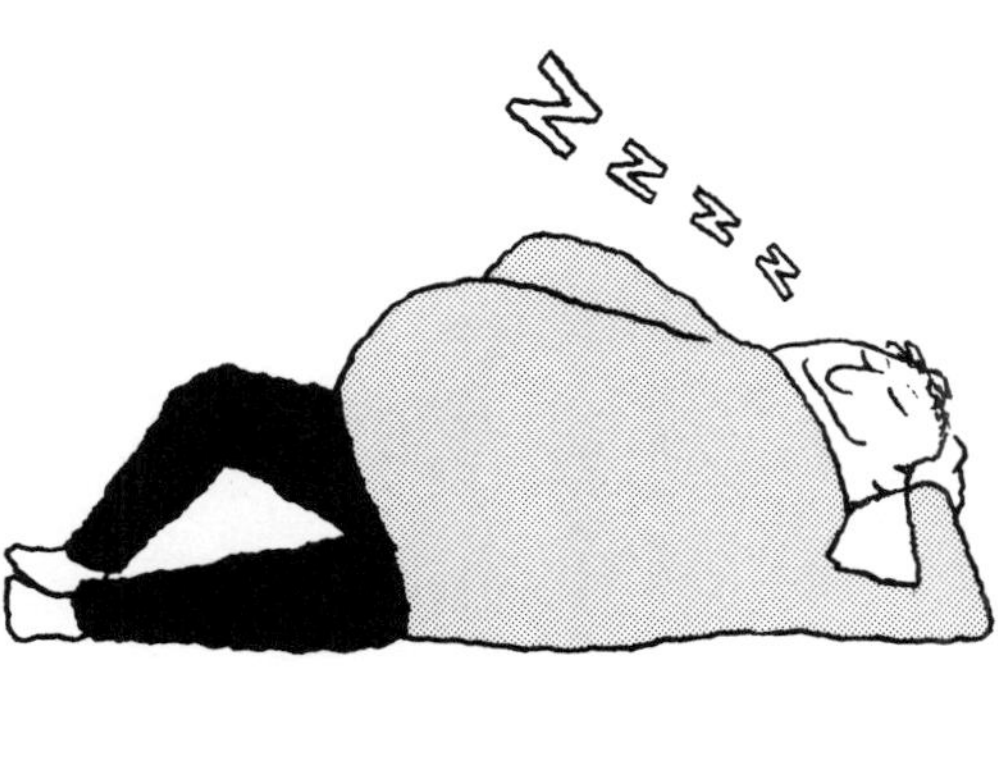

退屈を恐れず
悠然とゴロ寝を

での社員が、ちょうどその世代に属している。

この種族は、人脈と友人を混同しているところがあって、「酒を飲む相手が何人いるか」「いっしょに旅行にいく相手が何人いるか」「都合よく酒の席によびだせる異性が何人いるか」といったポイントで互いに張り合っていたりする。これも、「退屈を恐れる」心理の延長線上にあるといっていいだろう。

林望氏は、「友人は、ストレスを癒すために必要」といういっぽうで、「ただし、友人は、数人いればいい」とつけ加える。その林氏には、ふたりの親友がいるという。

彼の楽しみは、そのふたりの親友と、年に一回の旅行をすることだ。たいていは二泊ばかりの温泉旅行になるが、その旅行では、酒も飲まないし、マージャンもゴルフもしない。温泉につかり、何の役にも立たないバカ話をして、どこへもでかけずに部屋で寝転がって、そして帰ってくるのだという。「それで、ほんとうに一年分のアカが落ちる」のだそうだ。

また、林氏は、担当編集者に編集長を交えて飲みにいくという、業界のお決まりのパターンにはつきあわない。担当編集者と一対一で、とことんまで話を詰めるほうを好む。つまり、「酒を飲んで打ち解けあう人」をふやすつもりが、さらさらないのだ。

友人は、なるほどたくさんいたほうが人生は楽しくすごせるかもしれない。しかし、だからといって、いま以上に友人をガツガツとふやそうとするのは、どんなものか。そのこと自体、ストレスがたまるだろうし、友人がすくないならすくないで、ひとりですごすオフの楽しみ方を考えればいい。

たとえ友人がひとりしかいなくても、あるいはその友人とは一年に一度しか会えなくても、会ったときにはバカ話ができる人は幸せである。その幸せに感謝しつつ、その友人を大切にしようとすること。これが「頭のいい人」の交際術だと私は思う。

以上、紹介してきた「頭のいいオフのすごし方」は、ひと口でいうと、会社人としての強さではなく、人間個人としての強さを養う習慣術にほかならない。そして、それは、この本全体を貫くテーマでもある。

さて、あなたはどっち？

✣イマイチの人は「残業することを厭《いと》わず」仕事に精をだすが、頭のいい人は「週に一度は絶対に残業しない日」をつくる。

✣イマイチの人は「自分の時間」をもてないと焦るが、頭のいい人は、「自分の時間」をもっことにあまり意気込まず、けれども一日九〇分はそれを確保する。

❖イマイチの人は遊びながらも仕事のことが頭から離れないが、頭のいい人は、遊ぶときはハイな気分になって、仕事を忘れて遊ぶ。

❖イマイチの人は休日には無理やり楽しもうとして疲れるが、頭のいい人は、無理にガシガシ遊ばない。

❖イマイチの人は「接待ゴルフ」に嫌々《いやいや》いくが、頭のいい人は、楽しめるよう策を練るか、本当に嫌なら思いきって断ってしまう。

❖イマイチの人は常に「自分が必要とされている」という自意識をもつが、頭のいい人は、そんな自意識はすっぱりと捨てるから、無意味な労苦から解放される。

❖イマイチの人は同業種や同じ職場の人間とつるんで安心するが、頭のいい人は、異業種の人と仕事の利害関係を抜きにつきあう。

❖イマイチの人はスケジュール帳が埋まっていないと焦り、休日もあたふたと動き回るが、頭のいい人は、退屈を恐れず、悠然と休む。

❖イマイチの人は人脈づくりにアクセクするが、頭のいい人は、友人はほんとうに気の合った人が数人いれば楽しい。

●参考文献

『「超」勉強法――実践編』『「超」発想法』野口悠紀雄（講談社）／『「超」整理法』『続「超」整理法・時間編』野口悠紀雄（中公新書）／『知性の磨きかた』林望（PHP新書）／『困ったときの情報整理』東谷暁（文春新書）／『「知」のソフトウェア』立花隆（講談社現代新書）／『ヘタな頭の使い方で一生を終わるな！』鈴木健二『「考える力」をつける本2』轡田隆史／／『仕事ができる人できない人』堀場雅夫（以上、三笠書房）／『成功する人の時間術』ユージン・グリースマン著・門田美鈴訳（ダイヤモンド社）／『大人のための科学的勉強法』福井一成／『頭のいい人のしくみ』和田秀樹（以上、東京書籍）／『他人の10倍の仕事をこなす私の習慣』和田秀樹（PHP研究所）／『頭をよくするちょっとした習慣術』和田秀樹（祥伝社）／『驚異の時間活用術』糸川英夫（PHP文庫）／『24時間の知的生活術』現代情報工学研究会（講談社＋α文庫）

本書は、2003年6月に同タイトルで刊行されたKAWADE夢新書の新装版です。

頭がいい人の習慣術

2020年10月20日　初版印刷
2020年10月30日　初版発行

著者◉小泉十三

企画・編集◉株式会社夢の設計社
東京都新宿区山吹町261　〒162-0801
電話（03）3267-7851（編集）

発行者◉小野寺優

発行所◉株式会社河出書房新社
東京都渋谷区千駄ヶ谷2-32-2　〒151-0051
電話（03）3404-1201（営業）
http://www.kawade.co.jp/

DTP◉イールプランニング

印刷・製本◉中央精版印刷株式会社

Printed in Japan　ISBN978-4-309-50414-8